김운항 제3시집 『윤들일기 365』

섬이
詩라 하네

◇ 서문 ◇

한 막을 내리며

지난 해 9월에 시작해서 올 해 8월을 보내는 사이
앞을 보니 뒤가, 뒤를 보니 앞이 구린 시간들의 맴돌이
잘 삭아 발효되길 원했지만 더러는 여기저기서 역한 냄새도 난다
하지만 어쩌겠나, 이것이 나일뿐인데
내 안에 너, 나와의 약속을 지킨 것에 만족해야겠다.

그리움의 끝이 어딘지
야위어 가는 하현달을 닮았다면 그 속에 똬리 틀고
앉은 너를 보고 싶었는데
그 민낯을 보고 싶었는데, 달이 있는 하늘은커녕
땅에서 조차 한 사국도 베지 못해 아쉬움이지만 희망고문을
끝낼 수 있어 다행이다.

365발의 화살을 묵묵히 맞아 준
하늘과 땅, 섬과 바다, 달과 바람, 풀꽃과 새들

그리고
한 여인의 가슴이 얼마나 어떻게 뚫리고 헤졌는지
알 길이 없음 또한 안타까움이지만 조금이라도 기억된다면
족해야겠다

한 발도 결코 허투루 쏘지 않았고 더러는 빗나갔을지라도
과녁이 되어 준 모두에게 감사하는 마음이다
겨눌 곳이 있다는 것은 큰 행복이 아니겠는가.

詩를 써야하는 고통이 삶의 고통보다 감미로울 때가 더러
있으니 천상 詩를 써야했다
이쯤에서 내 삶의 끝나지 않은 한 막을 잠시 내릴 뿐
새로운 여행을 위해 다시 야무지게 짐을 꾸려야겠다
내 생이 끝나는 날까지 나의 일기 또한 끝나지 않을 것이다
365발의 화살은 이미 시위를 떠났지만 언제든 다시 쏠 수
있는 사랑이란 화살촉이 아직 남아있다
나에게 있어 사랑 없는 詩
詩 없는 사랑은 애초에 없다

다음 여행길에는
사람과 하늘과 땅 사이 모든 영혼에
진실로 감사하며 사는 법을 배우고 싶다.

2016년 10월 25일
글쓴 이

김운항 제3시집 『윤들일기 365』

차례

◇ 서문 ◇   한 막을 내리며 · 3

가을 · 7

겨울 · 113

봄 · 227

여름 · 359

제1부

가을

윤들*일기 · 1

상사화

상사화가 꽃대를 올립니다
잎은 이미 보이지 않습니다
일생을 꽃과 잎이 만나지 못하는 운명
얼마나 아픈 사랑이었기에
얼마나 절절한 운명이었기에
이리도 가혹한 벌을 받는 걸까요
내 사랑도 챙겨 봐야겠습니다.

* 윤들: 거제시 일운면 구조라에 있는 필자의 집

윤들 일기 · 2
표고버섯

이맘 때 였나
아직은 이르지 싶은데
촉촉한 가을비에
사랑 겨웠나 보구나

참나무 껍질을 뚫고
유령처럼 돋아나서는
무슨 말 못할 사연이길래
제 갓으로 몸통을 가렸노

그대여
어렵사리
왔다가 가려던 참이 이맘 때 였나.

윤들 일기 · 3
점

섬은 누가 만들었나
섬이 아니고서야 어찌 저기에 있을까

외롭기라도 한 걸까
바다는 나처럼 그럴 리 없는데
하필이면
내 가슴에다 띄운 것은

바다는 아는 게다
그대 가슴에 찍은 소중하고도 귀한
점 하나를.

윤들 일기 · 4
섬을 노래하려거든

섬을 노래하려거든
나한테 물어보고 하라

사랑하다
미워지고
이별하고

가슴을 수십 년이나 바다에 동동
띄워보지 않았거든
그만 가라.

윤들 일기 · 5
키위

소슬바람 따사로운 볕에
향과 맛을 더해 가며
잘도 영그는데
나는 무얼 했는가

내년에 또 키위가 열리면
나무 한 켠에 움막 하나 지을란다

바람도 같이 맞고
햇볕도 함께 쪼이면
모르지
내 사랑도
키위처럼 잘 영글런지.

윤들 일기 · 6
만남과 이별

상사화에 흑나비
흑나비에 상사화
나는 피었고
너는 날아 앉았다

너는 붉고 나는 검은데
나는 검고 너는 붉은데
내가 지면 떠날텐가
떠나면 내가 질텐가

우린 만났는데
너는 날아가고
나는 남았는데.

윤들 일기 · 7
愛愁(애수 –전주에서)

온고을 한옥마을에 내려 앉는
초가을 아침 햇살이
숙취에 젖은 길손마저
감싸 안는데
님은 멀리 있어 좋아라
그리워 할 수 있어 더 좋아라.

윤들 일기 · 8
줄탁동시

너는 들은 적 있는가
엄마 품에서
세 이렛만에 병아리가
껍질을 깨고 나온 사연을

기다려라
지금은
씨암탉도
병아리도
말 할 기운이 하나도 없단다

톡톡톡
쫑쫑쫑
울림만이 둥지를 맴돌 뿐.

윤들 일기 · 9
도토리묵

여물이 다 차 호올로 떨어져서는
모여서 부비다
짓찧어져 갈리고
치대고
우리고
걸러지고
차진 녹말만 남아
무쇠솥에서 몹시도
뜨겁고 나면
성스러운 의식 같은 것
엉기어 뭉쳐진다
비로소 한덩어리가 된다

너와 나
하나가 될 수 있다면
아낌없이 뜨거워지리.

윤들 일기 · 10
불면(한밤의 그림일기)

사유의 바다를 욕심껏 항해 한다는 것
밤이 내게 주는 각별한 선물
열사흘 달은 이미 기울어 가는데
가래나무 잎사귀를 훑고 지나는
바람 한 자락이 솟대 위에 앉았네
언뜻 언뜻 스치는
엔젤 트럼펫 향기는 어쩌란 말인가
어둠은 향기를 보이게 하는데
모두가 귀한 것인 줄 이제사 아는가
내게 소중한 것은 진정 무엇인가
밤바다 파도가 어찌 두렵지 않으랴만
네가 있는 곳으로 가고 싶다
그곳으로 항해 하련다 이 밤에
모두가 잠든 이 밤에
덩거마니 홀로 남은 이 밤에.

윤들 일기 · 11

조급한 엔젤 트럼펫꽃

바람이 더 차가워지기 전에 피워야 한다
서리가 내리기 전에 정을 떼야 한다
얼음이 얼 때면 머얼리 따뜻한 남녘이어야 한다
그대 품이어야 한다.

윤들 일기 · 12
무화과

님이여
향기는 있어도 꽃은 감추었답니다
그래서
꺾어 드리지를 못해요
하지만
달콤해요

지켜 봐 주세요
영글대로 영글어
어느 날 툭 터지거든
꽃이였다 전해 주세요.

윤들 일기 · 13
나팔꽃

재갈을 물리지도 않았는데
정작 나팔꽃은
나팔을 불기는커녕
고함 한번 지르지 못 하는구나

그대 앞에서 나처럼.

윤들 일기 · 14
애원

소나무야
너랑 나랑
한번 바꿔보면 어떻겠니
내가 서 있을께
너는 걸어 보겠니

소나무야
너랑 나랑
한번 같이 가면 어떻겠니
내가 너를 그리워하듯
너 또한 나를 그리워하면서.

윤들 일기 · 15

애호박

추분이 코앞인데
이제사 맺어서 어찌하려나
아니야
아니야
바보
서리가 내릴 때까진
사랑할 수 있잖아.

윤들 일기 · 16
안되는 것

텃밭에
꼬물꼬물 어린 상추 모종을 옮기며
그리움이나
사랑 나부랭이도
가슴에 둘 것이 아니라
상추처럼 예다
같이 심었으면 좋으련만.

윤들 일기 · 17
특식

병아리와 깜장염소에게
오늘은 특별히
참깨 한 줌과 통보리 한 바가지를 주고 나니
크게 한 턱 내기라도 한 양
뿌듯해지는 기분

아침에
씨암탉이 병아리 까서 나온
오늘은

비록 내 삶이 조금은 푸석할지라도
황폐하지는 않았구나.

윤들 일기 · 18
못다한 일

닷새 째 서 있는 들깨 더미에서
청보라 나팔꽃 한 송이가
말라가는 넝쿨에서 마지막 즙액을 빨아 올려
외려 피고 있다
할 일이 남은 게다
사랑해야 하는 것이다

오!
저 꽃을 위해
오늘 아침엔 벌이 되고 싶다
나비가 되고 싶다.

윤들 일기 · 19
주인은 누구인가

잔디밭 주인은 누구인가
떡하니 자리를 깔고 누운 너럭바위
고로쇠나무 아래 제대로 선 그네
젤 높은데서 내려다보고 있는 솟대
맛과 향을 더해 가고 있는 키위
아니야
천 년을 서 있을지도 모를 돌탑
이미 꽃이야 다 졌지만 내년을 기다리는 능소화
아니야
아니야
사랑스레 쳐다보고 만지며 드러눕고 노닐며
마음 두는 것이 주인일 게야
모든 사물은
온통 누군가를 위해 존재하고
나 또한 그 속에 있으니까
모두가 주인인 게지.

윤들 일기 · 20
코스모스

애초에 흔들리기로 했지
흔들려서 부러지지 않기로 했지
꺾이지 않으려 안간힘으로 꼿꼿이 버티는
안쓰런 그대여
소슬바람
명지바람에도
대신 흔들려 주기로 했지.

윤들 일기 · 21
섬 · 2

비오는 날이면
내 안팎에 자리한
모두가 떠서 흐르는데
네가 없었더라면 어쩔 뻔 했나
불어오는 바람이 그어대는 선은
너에게로의 길
섬도 젖고
나도 젖고
잔질지 못한 그대도 젖고.

윤들 일기 · 22
동행(동강에서)

산 앞에 산이 있고
산 뒤에 산이 있고
산 옆에도 산인데
그 사이 내(川)가 있고
계곡을 끼고 돌아 내가 흐르네
내 사랑도 흐르네.

윤들 일기 · 23
동강은 말없이 흐르고

동강은 말없이 흐르고
골짜기를 따라 길손도 흐른다
간밤 물소리 바람소리에
저으기 두려웠던 골짜기가
떠나려니 보이는 너의 입술 같은
포근함에 살째기 놀라는 건
왠일인가
계곡이여
너와 나
나와 너만의 밀어를 아련히 숨겨다오.

윤들 일기 · 24
하나의 시간(백룡동굴에서)

처음으로 느껴본 완전한 암흑의 시간과 공간
내밀었던 손
마주 잡았던 손
빛의 시샘으로 놓아야 했던 손
동굴만이 알겠지요
너무도 짧았지만 영원으로의 시간이였기에
충분히 길기도 했습니다
한 걸음 물러서야
더 가까이 존재하는 그대
숙명보다 더 아름다운 밀어를
동굴 커튼 속에 저몄나니
그대여
이보다 더 큰 소중함과 아름다운 시간이
또 어디에 있으리요.

윤들 일기·25
쪽파를 심으며

풍진(風塵)과 노닐다
때를 놓쳐버린 쪽파를 심는다
이미 때를 알고 저 혼자
싹이 났다가 하얗게 마른 것을
가위로 어루고 달래
조금 더 깊이 골을 타고
퇴비도 낫게 넣어
정성스레 심어 본다

제때 심은 것들은 이미 몸집을 키우고
찬바람에 버팅길 준비가 되었는데
뒤늦은 어린 싹은 어이 할거나!

사랑한다고 할 걸
나의 꽃이 잊히기 전에
사랑한다고 할 걸
너의 꽃이 사위기 전에

쪽파는 이제라도 심지만
가버린 사랑은 그리움만 심누나.

윤들 일기 · 26
오동잎

아쉬움 하나
그리움 하나

너의 저린 가슴
나의 아린 가슴

푸른 손수건 하나로 걸어 두면 어떨까
잎이 무성한 키 큰 나무 우듬지에다
오를 수 없는 먼 곳에.

윤들 일기 · 27
해국(海國)

해국이 피면
나는
해원(海園)을 건너
또 다른 너의 형상을 찾아 떠난다
얼만큼 일까
자그만 했으면 좋으련만
해국처럼
내가 가질 수 있게

너의 에필로그

해국!
제발
꺾지 말고 그냥 두세요.

윤들 일기 · 28
큐슈에서

아소산으로 향하며
처절한 대결을 생각한다
땅속 깊이 이글거리고 있을
마그마가 센지
온 영혼을 다 태우고 남을
내 가슴속 불덩이가 센지
한번 붙어 볼 참이다

그대에겐 모두 져도 좋으나
그대 앞에서만은 지고 싶지 않은 나
8부 능선 끝간데 없는 평원에는
발정 난 부룩소 한 마리 설치고
내 가슴팎은 뜨겁게 솟구치는 노천탕이 되네.

윤들 일기 · 29
너를 보다

제대로 걸음마도 할 수 없는
유카타를 걸치고
규슈 스카이호텔 원학 노천탕에서
억새꽃 사이로 떠오르는
태양을 보다

너를 보다.

윤들 일기 · 30
나누기

아침에 다시 숨 쉴 수 있는
선물을 받고
거울 속에 나를 들여다 본다

지지움 다른 모양을 하고도
물이며
햇볕을
알맞게 나누어 가며 산다

모든 사물들이 저마다
제자리에서
할 일을 다하고 산다는 것은
위대한 일이다

나는 작은 거울하나 들여다보고 살지만
저들은 지구라는, 우주라는
나보다 더 큰 거울에 비춰보며 사는지도 모르겠다

내 몫만의 물과 햇볕을 따질 일이 아니다.

윤들 일기 · 31
살아 있어 이쁘다

하필이면 하 늦게 내려앉은 개망초 씨앗이
그것도 흙이라고는 하나도 없어 보이는 돌탑에
지난여름 중복이 지날 즈음
싹을 틔운 것이 눈에 띄었다
싹은 틔웠지만 며칠만 비가 오지 않아도
시들시들 해졌고 그때마다 물을 주었다
땡볕에 폭염이 지속 될 때면 거의 매일 주어야했다
제발 꽃을 피우게 해달라며 맘속으로 기도도 하면서

지금은 제법 튼실하게 자랐지만
가슴은 더 아파진다
이웃한 담쟁이는 붉은 옷으로 갈아입는데
곧 서리가 내릴 텐데
서리가 내리면 이내 말라 비틀어질 텐데
끝내 꽃을 피우지 못하고
씨앗을 맺지 못 할 텐데
이를 어이 할거나
싸해 지는 마음은 어찌 개망초 한 포기 때문일까
그래도 살아있어 너무 이쁘다.

윤들 일기 · 32
필라칸사

필라칸사 열매가 붉다 못해
불길로 타오를 때 쯤이면
그대가 만든 작은 골목에서 난
서성이고 있겠지
막다른지도 모르고 마구 달리기도 하겠지
그러겠지
그러겠지
필라칸사
끝내 너의 이름은 부르지 못하고 돌아서고 있겠지.

윤들 일기 · 33
가을 장미

가을은 소로시 깊어
산도 바다도 조요로운 아침은
밤새 남몰래 피어나는 장미 한 송이
아침노을은 준비된 세레머니
정염을 위한 정열의 시간
너와 나의 시간
덜 핀 장미 한 송이 바치리이까
그대여.

윤들 일기 · 34
감사할 일

소박한 아침을 차려놓고
잠시 멈칫한다
감사해야 할 일이 한 둘이 아니다
어쩌면 모든 것에
모두에게 감사 할 일이다
나의 생각과 할 수 있는 일
해야 할 일에 감사해야 하고
살아 있는 만큼
너를 생각할 수 있어 더욱 감사하고
지금 당장
숟가락을 채운 밥알에 깊이 감사할 일이다.

윤들 일기 · 35
오늘은

퇴색해가는 잔디밭에서
너를 생각한다
잔디에 고운 가을이 물들어 가듯
때가 되면
그대 가슴에도 달빛 스미듯
내 마음을 물들일 수 있을까
그리움이란 물감으로

봄이 오면
잔디는 푸른 싹이 날 테고
그대 가슴은 사랑으로 번져 날까
오늘은
그대 가슴에 그림을 그리고 싶다
슬프지 않은 화가가 되고 싶다.

윤들 일기 · 36
그리움 · 4

아침이 지쳐있다
너와 나의 자리에서
다가가지도
다가 올 수도 없이
옴짝 아니해야 하는 치열함은
또 하나의 전쟁 같은 것

게으른 밤이여
지난 밤 겨우
석류 하나 그것도 반쯤 터트렸는가
너와 나의 세레나데는 어디로 사라졌는가
어리석은 밤이여
무얼 했는가
그렇게도 뜨겁게 태운 건 무엇이고
재로 남은 그리움 한 움큼은 어디에 두었는가
아직 잠깨지 못한 풀 한 포기 있다면
너는 알아야 한다
왜 아침이 지쳐 있는지.

윤들 일기 · 37
독백

나팔꽃이나 능소화는
닿는 대로 꼬며 올라가 꽃을 피우고
호박이나 박넝쿨은
움켜잡으며 나아가 열매를 맺는데
바로 잡으며 살기를 원하는 나는
어떻게 살아왔나
바로 잡는다며 결국 별 수 없이
꼬고
매달리며
위로만 쳐다보지 않았던가 싶다
저들은 삶일 뿐인데
인간인 나는 어떻게 살아야 하나
화려한 꽃에 환호한 만큼
지는 꽃에도 슬퍼했던가
바람 한 자락이 비웃 듯 스치는데
설익은 감 하나가 떨어진다
여기 감나무 아래에 오래 앉아 있어야겠다
가을에 내뱉는 독백을 모두가 들을 수 있도록!

윤들 일기 · 38
오해

한 철에 피어나
구절초를 닮은 탓에
들국화 대접을 받는구나
얼마나 좋으냐 쑥부쟁이야
아니다
아니다
쑥부쟁이야
누구더러 언제 들국화라 불러 달랬느냐
미안해
미안해
쑥부쟁이야
어쩌면 구절초가 너를 닮지 않았느냐
쑥부쟁이야
넌 누가 뭐래도 쑥부쟁이인 걸.

윤들 일기 · 39
바람 · 1

바람
가고
오고
오고
가고
온전히 아침을 맞게 한 것도
차가이 모두가 떠나 버리기 전
자그마한 꽃 하나 피우고
아침을 맞게 한 것도
바람이었다
다만 기억되어야 할 바람이었다
내가
싸리꽃 이파리를 아쉬우이 지나칠 때
너는
이웃 돌무더기에 웅크리고 앉아 있었다
다만 기억되어아 할 바란이었다.

윤들 일기 · 40
문

나의 문은 참 이상해요
나무도 쇠도 아니에요
자동도 수동도 아니고요
쭈뼛한 쇠창살도 없고
잠그지도 않았어요
하지만 아무도 들어오지 못해요
어쩌다 열고 빼꼼이 그대를 쳐다볼라치면
와락 다가오는 그대 땜에 닫혀 버리고
난 달아나고 말지요

그대여
왜 들어 올 수 없을까요
아
모르시나요?
당신께만 알려 드릴게요
그리움이랍니다
솜털처럼 다가오셔요
그리움이
가는 명지바람에도 날리는
오목눈이 가슴팍 솜털 같을 때 열린답니다

그리움이
장끼 꼬리털 같을 땐 무서움에 닫히고 말아요

그대여!
꼬리털은 버리고
솜털이 되어 나의 문을 간지러주셔요.
그러면
언제나 그대를 위해 열려 있을 거에요
그대만의 문이 되고 싶어요.

윤들 일기 · 41
바람 · 2

가을은
되오지 못할 길로 달려가는데
이제사 피어나는 붉은 장미 한 송이
의미는 무엇인가

너도 모르고
나도 모르지
햇살이 돌면 들럴지 모를 벌 나비나
이웃에 같이 핀 호박꽃도 모를 거야

바람은 알까
늦둥이 사연을 알만도 한데
꽃잎에 맺힌 이슬만 훔치고는
이파리만 흔들어 놓고
도래질 하고 가네.

윤들 일기 · 42
해무(海霧)

아침부터 새파람이 암팡지게 불어대는데
너는 안개에 휩싸였고
초점 잃은 내 눈은 둘 곳이 없네

바다는 울고
레퀴엠처럼

어디쯤 쉬고 있는지
통통배 하나 그리운 건
간밤이 길어서만은 아닌데
언제나 바라보던 섬 하나
안개에 가린 건
다가올 겨울보다 더 큰 아득함

너는 안개에 휩싸였고
초점 잃은 내 눈은 둘 곳이 없네.

윤들 일기 · 43
시를 쓰는 이유

윤들에 오면 사람들은 너나 할 것 없이
이런 데 살면 시가 그냥 줄줄 나오겠다 하는데
나는
윤들의 삶 그 자체가 시인데
왜 바보처럼 시를 쓰냐고 되묻는다

그러고는 몰래 시를 쓴다
윤들이라 쓰는 게 아니고
사랑하기 때문에 쓴다고
왜 말하지 못 했던가
바보처럼

어디서건 사랑하면 쓸 수 있다고
씌여 진다고
쓰지 않으면 살 수 없다고
왜 말해 주지 못 했던가
바보처럼

잠들지 못하는 어리석은 시인이여
너의 넋두리는 어둠이 다 마시고 마는구나.

윤들 일기 · 44
섬 · 3

당기고
민다고
오고 가더냐

흔들고
뽑아 본들
움쩍이나 하더냐

밀려오는 파도에 하얀 포말로
그냥 웃기만 했지

늘 거기 있는 게지
기다리고 있는 게지
너만을!

윤들 일기 · 45
억새는 날리고

더없는 이쉬움
모진 그리움이다
흔들다 흔들다
끝내는 부서져서 가루가 될게다
대답 없는 햇님이 미워
달빛에 바랬을게다
하애서
하애서
서러움마저 바래서
끝내는 부서져서 가루가 될게다
가루가 되어 날아갈게다
너를 찾아 어디로든 날아갈게다.

윤들 일기 · 46
달을 보자

그립거든
달을 보자
초닷새 초승달을 보자
다 차오를 때까지만 그리워하자

미워지거든
달을 보자
열아흐레 하현달을 보자
너의 얼굴처럼 다 사라질 때까지만 미워하자.

윤들 일기 · 47
그리움 · 5

그리움만 먹다가
밝아지는 아침에는

망월산 정수리에 하현달이 걸려 있네

이제는
넘어 가거라
어디로든 가거라.

윤들 일기 · 48
너 · 1

어둠이 그리움에 지쳐
여명을 맞으면
무엇을 해야 하나
어제도 했고
오늘도 해야 하는
지워야 산다
지워야 살린다

기다림에 지친 햇살이 스멀스멀
어스름에 밀리면
앞산에 떠오른 보름달은
다 채웠노라 자랑을 하는데
그러지 못한 나는
무엇을 해야 하나
어제도 했고
내일도 해야 하는
비워야 산다
비워야 살린다.

윤들 일기 · 49
너 · 2

밤을 새워 너를 생각하지 못한 것은
아쉬운 일인데
꿈속에서 너를 보지 못한 것은
억울한 일이다
너의 향기도 빛깔도 남기지 못한 지난밤은
기억될 수 없기에 죽어 마땅하다
부산한 빈치들의 조곡(弔曲)에
아침 해가 떠오른다.

윤들 일기 · 50
바람 · 3

바람아
지나다 간간이 머물고 맴돌긴 했지만
한번 멈춘 적 있었는가
내 가슴에 한번 온전히 안긴 적 있었던가
서늘하고 좁디좁아 안주할 수 없다 말할텐가
바람아
어리석은 바람아
그대 내 가슴에 들어오는 순간
푸른 광야에 온천이 솟고
별과 달을 품은 우주가 되고 마는 것을.

윤들 일기 · 51
사랑합니다

버스는 서 있고
후박나무 가로수는 바삐 달리는데
깨었느뇨 여인아

머얼리 당당히 서 있는 골리앗 크레인
다 들어도 그대만은 들 수 없는
바보 같은 영웅아

밤이 새도록 그대를 들려다
지쳐버린 안쓰런 영혼을 뉘고
돌아선 나에게
들려오는 낮은 속삭임

여기 이 자리 움쩍 말고
장승처럼 서 있어만 주세요.

윤들 일기 · 52
지리산에서

계곡을 흐르는 물이 부러운 이경이다
너는 밤새 달리다 보면
그리던 바다에 다다라
운우지정의 해조음을 연주하겠지만
아직 어디에 있는지도 모르는 나는
얼만큼이나 더 달려야
그대에게 갈 수 있을까
차라리
원망스런 밤을 사랑하련다
어둠을 사랑하련다
어느 동굴 속 절대 암흑 속에 존재했던
초월한 시공 속으로 가련다
그곳에 또렷이 있을 그대 따뜻한 손과 웃음 앞에서
허물어지련다
탁한 술 몇 잔에 절대 암흑을 찾아 허우적이는
나의 육체가
용해되기 전에 그대에게 가야하거늘
뜻밖에도 같이 서러워 보이는 열여드렛 달이
시샘을 하는데
취객들의 노래 소리는 흐르는 물소리에 어우러져
하염없이 흐르고 있는데.

윤들 일기 · 53
제발

움켜 잡으셔요 제발
그대 가슴에 지핀 모닥불은
결코 꺼지지 않을 거에요
끝없는 그리움이 기름이 되기에
그대나 그 누구도 끌 수 없지요
단지 나만이 끌 수 있답니다
어쩌시렵니까 그대여!
움켜 잡으셔요
어느 땐가 그리움이란 연료가 고갈되어
불이 꺼지기나 할라치면
우주 공간에서 태양이 빠져 나가면 엄습할
빙하기처럼
꽁꽁 얼어붙을 가슴을 어찌 하렵니까
그런 그대를 차마 볼 수 없습니다
움켜 잡아 주셔요 제발
기름이 그리움에서 나온다면
그리움 또한 그대 가슴이 원천이기 때문입니다.

윤들 일기 · 54
너 · 3

살아오면서 언제나
내가 할 수 있는 것과
할 수 없는 것들을
구분지어 놓고는
그 속에서 때론 웃기도하고
쓰린 절망감에 몸서리치기도 했다
재미있고 즐거운 일은
아웅다웅 다투기도 했고
의지만으로 혼자 할 수 있는 것은
하나같이 녹녹한 게 없었으니

내게 있어 가장 어려운 일은 무엇일까

예정된 이별의 시한 속에
다시는 그리워 할 수 없을 만치
그리워 한다는 것

세상에 이보다 힘든 일이 또 있을까
더군다나 그것이 너 때문이라면.

윤들 일기 · 55
바람 · 4

나는 바람인가 봐요
댓잎을 스치는 소슬바람

그리워하다 참을 수 없이 달떠서는
한달음에 건너 간 해원
입맞춤 하고는 돌아와
아무 일도 없었던 듯
가라앉히고
더러는 후회하고
그래도 깡그리 지워지지 않는 여운에
웃기도 하고
울기도 하고
또 그리워하는

나는 소녀랍니다.
언제나 어쩌지 못하는
소슬바람 같은 소녀랍니다.

윤들 일기 · 56
장미 두 송이

상강이 지난 절기인데
장미꽃 두 송이가 벙글고 있다

하나는 내 것
하나는 네 것

어쩌다 하 좋은 시절을 보내고
서리가 내릴 때서야 피우려는 장미 두 송이
묻지 말아야 할
간절한 사연이라도 있는 걸까

내가 한 송이
네가 한 송이

이제는 아무래도 제 힘으로
피어나기는 힘든 꽃
품어서라도 피워보자

피워서 향기를 맡아보자
무슨 뜻 모를 내음이라도 나거든
가만히 꽃잎에게 물어보자
사랑이라면 무슨 까닭인지를.

윤들 일기 · 57
망각

11월이 겨우 나흘 남았는데
오늘에야 달력을 넘긴다
별 이유도 없이 때를 놓친 것이다
나의 삶이 평온했다는 말인가
떨어지는 달력과 내 걸리는 달력
간절함이 없었다는 건가
더러는 세월도 스스로를 잊을 때가 있으리라.
내가 잊히고
네가 잊히고
너와 나의 애틋한 사연마저 잊히듯이.

윤들 일기 · 58
길

그대와 함께 길을 갑니다
넓지도 평탄하지도 않은 돌부리길
좁디좁은 산길입니다
밤인지 낮인지
해가 없으면 밤일테지요

손이라도 잡고 갈 수 있으면 좋으련만
앞서 가면 불안하고
뒤쳐지면 초조해지기에
앞서거니 뒤서거니 길을 갑니다

한 고개를 넘고
산개울도 건너며
두 고개를 넘어도
산봉우리는 보이질 않습니다

오르락 내리락 돌부리길
울퉁불퉁 산길입니다
밤인지 낮인지
달이 없으면 낮일테지요

어디로 가는 걸까요
가는 곳이 어딜지라도
반드시 되돌아와야 할 우리의 길
어떤 산봉우리보다도 높아 보입니다
하지만
그대와 함께여서 두렵지 않습니다
행복이라 여깁니다.

윤들 일기 · 59
부탁

늦가을 밤은 깊어 가는데
싸늘히 비가 내린다
독한 바람도 분다
너로 하여 만들어지고 쌓여가는 상념들
나로 하여 끝간 데 없이 교만해진 영혼들
모두를 날리고 씻어 줄 비바람이런가
싸늘한 비야
독한 바람아
다 가져가 다오, 제발
다만 한 가지
이것만은 남겨 다오
언제 어디서든 너를 그리워 할 수 있게
작은 가슴 하나만 남겨 다오.

윤들 일기 · 60
선물

오늘밤 너와의 이야기
숨기려면 외려 드러나고
이미 감춰진 것들마저
내 가슴 속에서 자벌레처럼
스멀스멀 기어 나오는데
그리움이여
이 밤은
이 밤의 선물은
나눌 수 없는
우리들의 것인가요.

윤들 일기 · 61
가을비

방황의 끝은 또 다른 방황의 시작인 줄
아는가 여인이여
어느 땐가 어렵사리 사랑이 시작되었을 때
영문 모를 외로움을 알아야 했고
더러는 엄습해 오는 고독에 맞서
마른 꽃처럼 건조해진 웃음으로
너를 찾아야 했다
아는가 여인이여
외로움이 그리움을 낳았지만
그리움은 외로움을 키워 간다는 것을
나흘째 내리는 가을비는 왜 그치지 못하는가
여인이여
함초롬이 젖은 목소리로 나직이 불러다오
그 곳으로 달려가리
온전히 빈 가슴으로 언제나 기다리리.

윤들 일기 · 62
가자

마음의 유희를 인내하라
강요하지 마라
그것이 사랑이라면 더더욱

떠나려거든
작은 그리움일 때 떠나야 했다
시간은 결코 누구의 편도 아닌 것을
그리움이란 것이 야금야금 나를 먹어
어느 날엔가
끝내는 손 쓸 수도 없이 온몸으로 전이되는
암세포 같아서 떠나보낼 수가 없으니

돌아서려거든
작은 두려움일 때 돌아서야 했다
이별은 어쩌지 못할 두려움
지금 이 순간
너에게 꼭 필요한 사람이 아니라면
있으나마나 하거나
차라리 없어지길 바랜 들 무슨 큰 두려움일까

다만 영원히 용서하지 못할 일은
鷄肋(계륵)으로 빌붙어 노닐게 하는 것이다
이보다 더 큰 두려움이 어디 있으랴

떠나려거든
작은 그리움일 때 떠나야 했고
돌아서려거든
작은 두려움일 때 돌아서야 했거늘
그리움은 차돌처럼 굳었고
두려움은 질긴 밧줄이 되었는데
세월로 녹슬어 무디어진 칼로
차돌을 부수고 밧줄을 자를 수 있을까
이제는 시한의 종말까지 가자, 가던 길로
잡은 손 뿌리치지 말고 가자가자 가자꾸나.

윤들 일기 · 63
그리움 · 6

자리끼를 맛나게 들이킨다
간밤 술이 과했나 보다
잠은 이미 깨 버렸고
다시 들 기미는 아니 보이는데
그대 때문은 아니다
깨울 줄만 안고
재울 줄은 모르는 그대
그대 때문은 아니다
달디 단 입술 때문만은 아니다.

윤들 일기 · 64
금연 · 1

사랑하나 지우는 일은
그리움 한 뭉테기 흩뿌리는 일은
앙금이 되려하는 고독 한 뭉테기 덜어내는 일은
원하지 않고
마지못해 하더라도
때로는 감미로울 때가 있더라

한 개비 담배
그 연기 속에 피어오르는 얼굴은
지울 수 없나니
사랑이여
차라리 머물 수 있게 하여라.

윤들 일기 · 65
비상

안개 속 상하이 하늘을 벗어나며
나를 생각한다
옥죄지 말자
풀어주자
펼쳐진 나래는 그냥두자
힘이 빠져 자연스레 처질 때까지
나는 날 수 있다
누군가 그리워하고 기다리며 지켜봐준다면
그것이 날 수 있는 힘이 아니겠는가
비행기는 또 다른 눈으로 구름 속을 헤매는데
앞서 나르고 있지 않은가, 내가.

윤들 일기 · 66
지금 윤들은

한 닷새 비웠다 돌아온 윤들에는
모든 것이 제자리서 제 할일을 했구나
마침 내리는 가을비를 맞고
텃밭에 무는 살이 붙었고
배추는 한결 속이 더 찼고
옮겨 심은 상추는 땅내를 맡았고
끝물 가지도 자랑스레 반들거리고
애호박은 초조함속에서도 주먹만해졌네
새끼를 가진 깜장염소는 젖통이 도톰해졌고
씨암탉은 수북이 알을 낳았구나
더구나
애태우던 마지막 장미 한 송이는
누군가에게 건네고 싶을만치 예쁘게도 피었네
그 동안 난 무얼 했는가
늘 윤들 식구들에 비하면 한 일도 없이
공밥만 먹는 듯하다.

윤들 일기 · 67
무인도

바다라면
하늘이라면
품고픈 가슴은 바둥대고
비집고 들어갈 틈조차 보이질 않아
더러는 막막함에 울부짖어야 했을 때
바다라면
하늘이라면
달래주리라 믿었건만
그도 아님인 걸 알고는
절망이란 벼랑 끝에 서서
대안 없이 망설일 때
갈바람에 해무가 걷히듯
빗장을 풀고 다가온 너
너라서 소중했고
소중했기에 같이 해야 할 수많은 얘기들
자랑하기조차 아까운 얘기들

자그마한 무인도 하나 있으면 좋겠다
아무도 모르게
달아나지도 못하게
너와 나의 전부를 옹골지게
꽁꽁 숨길 수 있는.

윤들 일기 · 68
시가 안 되는 날

오늘은 시가 안 되는 날인가 부다
가슴을 아무리
긁고
꼬집고
할퀴고
때려도 움쩍도 않는데
무슨 시를 쓴단 말인가
첫 닭 우는 소리도 못 들었고
늦가을 장마비 끝에
근 열흘 만에 떠오르는 해 구경에도
별시리 관심이 없는데 무슨 시냐
하루 쯤 쉬게 하자.

윤들 일기 · 69
나

가끔씩 모든 일들이 부질없다 여겨질 때
딱히 목적지도 없이 막연히 걷곤 했다
산길, 바닷길, 찻길이건
다른 사람들의 움직임이나
풀, 나무, 선창에 묶여 있는 배 등
온갖 사물들이 보이기 시작하면
모든 것이 나와 같기도 하고 다르기도 해서
신기할 정도로 금새 새 의미들이 달려들었다
돌아 갈 에너지는 물론
살아야 할 에너지까지 들고서
감사한 마음에 돌아오는 길, 웃기도 울기도 했다
오늘 아침은 가을비 끝이라
퇴색해가는 잔디위에 떨어진 갖가지 낙엽을 밟는다
흙으로 돌아가기 위해 마지막 탈색을 해가는
낙엽들이 무척이나 겸손해 보인다
모두가 바닥에서 말이다
나는 어디서 어떻게 부대끼며 숨 쉬고 있는가
흐린 아침에게 묻는다
해무 속에 언뜻 언뜻 섬 하나 보인다
오늘은 저곳에나 가볼거나.

윤들 일기 · 70
그리움의 무게

먼 길을 떠나면서
나의 마음은 두고
너의 마음은 가져가는데
어찌 이리도 더 무거운 걸까
한 짐 더 지고 가는 것 같다
추적추적 내리는 가을비에 젖어서일까

두고는 갈 수 없어
챙겨서 짊어진
그리움의 보따리 때문인가.

윤들 일기 · 71
흑산도 · 1

길손은 이른 잠을 깼는데
아직 새소리는 들리지 않는다
예전엔 으레이 그들이 나를 깨우지 않았던가
어디로 간 걸까
간밤에 그리도 울어대더니
지쳐 못 일어나는 걸까
예보에도 없는 늦가을비는 추적이는데
예리항은 안개에 젖어 있고
너에게로 달려야 할
뱃고동 소리는 잠들어 있다.

윤들 일기 · 72
그리움 · 7

길손이
섬에서
더 멀리
더 작은 섬으로
홀연히 가는 까닭을
너는 아는가

섬은
아림이기에
그리움이기에
멀어지고
작아지면
아림도
그리움도
작아져서
덜 아프게
그리워 할 수 있을까

감당하기 힘들 때
내뱉아 보는
어이없고
부질없는 생각이런만

섬은
아림이기에
그리움이기에
길손은
오늘도
더 멀리
더 작은 섬으로 간다.

윤들 일기 · 73
너 · 4

어둠이었다
어딘지도 모르는 곳으로 데려 간 것은
망설임 없이 따라 나선 건 나였고
돌아온 지금도 알 수 없는데
선연한 영상 하나는 너를 보았다는 것
하얗게 칠해진 콘크리트 담벼락에
힘겨이 홀로 빛나는 외등 하나가 만들어 준
그림자 하나
너였다는 것
머그잔 가득 자리끼를 단숨에 마셔 보지만
목마름은 가시지 않는다
어둠에게 묻노라
이 밤 길손은 왜 잠들지 못하는가.

윤들 일기 · 74
약속

사랑이 거짓이라는 말은
순 거짓말이다
다만 변할 뿐
진실한 약속인 것을

나는 너에게
너는 나에게
눈물을 보이지 않기 위한
지난한 약속인 것을.

윤들 일기 · 75
외사랑

마주치지 않아도
천둥 같은 소리가 나고
부딪치지 않아도
번개처럼 뜨거워지기도 하건만
더 간절하고
더 치열할 수도 있는
고행의 길

독백도
방백도 혼자 하지만
어리석은 방백 같은 것

홀로
속으로 웃고
안으로 우는

나만이
행복하고
불행해지는
참사랑의 길

진정한 외로움과 고독을 알려거든
한 번은 하되
두 번은 하지 말아야 할

그래도
더없이 다행인 것은
끝내 혼자 무너지더라도
너는 가만 두고
아프게 하지 않으려는 것이다.

윤들 일기 · 76
모를 일

한 이레나 집을 비웠는데도
노심초사와는 달리
깜장염소 부룩데기가 제법 알이 찬
김장배추를 두어 포기 뜯어 먹은 거 말고는
별일 없이 그대로다
더러는 문제가 일어날 만도 한데 말이다
이상한 것은 고마운 게 아니고
은근히 샘통이 나는 것이다
여섯 마리 어린 병아리가
제 어미와 쫑쫑거리는 것도 그대로고
퇴색해가는 잔디위에 뒹구는 낙엽들도
반가워하기는 커녕 제멋대로 뒹굴고
와락 안기리라 여겼던 늦고추 붉은 것도
데면글면 한다
떠나기 전 심어 놓았던 완두콩이
빼꼼이 싹을 내밀어
그나마 반기는 듯.

윤들 일기 · 77
사랑 Two

밤하늘을 봅니다
별을 봅니다
달을 봅니다
그대를 만나기 전까지의 사랑은
그냥 행복했고 그게 전부인 줄 알았습니다
그대를 만나고 난 후 부터는
지나간 사랑이 저으기 초라했다는 걸
알게 되었습니다
그대로 하여 얻는 행복이 너무도 크기 때문입니다
시샘 받을까 두렵기도 한 그대와의 사랑은
아무도 탐내지 못하게 높디높은 달나라에 둡니다
멀디 먼 별나라에 둡니다.

윤들 일기 · 78
차이 · 1

밤이 짧은 것은
바보라서 그렇고

밤이 긴 것은
어리석어 그렇다

열나흘 달이 얄미운 것은
이런 나를
훤히 내려다보기 때문이다.

윤들 일기 · 79
하늘 꽃

그림 한 점 그리고 싶다
찬바람이 불어
티 없이 말끔한 하늘에

물감은 바랬고
붓은 성긴데
무엇을 어떻게 그려야 하나
휑뎅한 캔버스만 바라본다

어줍은 시간은 갈잎처럼 부서지는데
어느 화가가 그렸는지
때마침 하얀 꽃 한 송이 내걸린다.

윤들 일기 · 80
용서

내가 너라면
그냥 웃겠다
웃다가 울지라도
그냥 웃겠다

용서하란 말이다
사랑이란 것이
무슨 말
어떤 몸짓으로
설명 될 수 있다면 하지 않았으리라

늘 그리워하고
너덜너덜 해 지도록
안타까이 가슴 아린 죄
무시로 헤집고 다닌 그대 가슴을
함부로 소유하고 무한으로 사랑한 죄

니가 나라면
어찌 하겠니
웃다가 울지라도
물끄러미 바라보며
그냥 웃겠다.

윤들 일기 · 81
후회하지 않기

이러다 후회할지도 모르겠습니다
절대로 후회하지 않을만치
사랑하겠노라고 다짐했건만
정작으로 그리하는지 물어온다면
싹싹하게 그렇노라고 대답 할 자신이 없습니다

애초에 잘못된 약속이었던가요
적당히 말하리까
모든 것이 즐겁고 행복하고 아파도
그대 때문이라고
바람처럼 일어나는 생각들이
연못에 가라앉은 낙엽 같은 상념들이
옴짝달싹 못하는 것도
그대 때문이라고

그렇게는 못하겠습니다
아직 어디에 있는지는 모르지만
둘만의 슬픔과 기쁨을 송두리째
애오라지 느끼고 간직할
결코 섬처럼 떠내려가지 않는
시간과 공간을 찾아야겠습니다
조그말지라도 그때가 오면
다시 물어 주셔요
자신 있게 답하리다
그렇노라고
후회하기는 죽기보다 싫습니다.

윤들 일기 · 82
필연

참 이상합니다
요 며칠 동안
그리움은 묶어 놓고
하고 싶은 말도 달래고
보고픈 맘마저 바다에 가라앉히고
밥도 서너 술 덜 먹으며
일상을 더 바삐 돌려보지만
결코 멀어지지 않고
더 가까이서 느껴지는 온기에
화들짝 놀라기도 합니다
왠일입니까
바짝 다가설라치면 주춤하며
언제나 한발 물러서던 그대
이젠 스스로 뒷걸음 쳐보지만 어느새
더 가까이에 있는 당신의 숨소리는
왠일입니까.

밀어 낼 곳도
밀려 날 곳도 없는 우리입니다.
어찌 할 수 없는 지금의 우리입니다
설령 나 혼자만의 생각일지라도
이 세상에 존재하는 그대로 하여
어찌할 수 없는 필연이 된 것입니다
필연은 운명일 수도 있기에
더더욱 어찌할 수 없는 것입니다

내편인 줄 알았던 어둠이 실실 싫어졌다 미워지네요
미울 땐 미워하면 그만이거늘
어둠이 없으면 너도 없으니 어찌하란 말인가요
밝음의 상대말로 인지하지 못한 나
숨기고 들키지 않기 위한 어둠이 아닌
혼자라서 혼자이기에
아무런 긴섭 없이 오로지 너만을 생각할 수 있는 시간
그래서 좋았던 어둠
더 다가갈 곳을 내어주지 아니하는 너로 하여
버림받아야 하는가, 어둠아.

윤들 일기 · 83
결투

부룩데기 깜장염소가 이틀째 싸웁니다
한 일 년 대장질한 놈한테 아직
덜 여물어 보이는 젊은 녀석이
도전을 한 것입니다
심판이나 할까하고 틈틈이 볼라치면
오로지 뿔다구로만 머리통이 깨져라 박아댑니다

나 같으면
몰래 기습도 해보고
물어뜯기도 하고
아랫도리라도 쥐어박고
다른 놈을 꼬드겨서 연합전선이라도 펴보련만
심판이 소용없는 저들의 게임

주변의 암컷들은 더 가관입니다
응원은커녕
가끔씩 물끄러미 쳐다볼 뿐
어느 놈이 이겨도 상관없다는 듯
별시리 관심이 없어 보입니다
오로지 이기는 놈만 기다리나 봅니다.

맛있는 먹이를 놓고
뛰어놀 영역을 두고
내 새끼를 낳아 줄 암컷을 걸고
처절히 싸우지만
심판이 필요 없는 저들의 싸움
아름답기까지 합니다
말려야 할 이유가 없는
성스러운 의식 같습니다
끼워만 준다면 나도 한판 벌이고 싶습니다.

윤들 일기 · 84
태우기

너를 그리워하는 것은
태우는 일이더라

태우다 보면
소리도 나고
연기도 나고
불꽃도 날릴텐데
재마저 남기면 안 되는 태우기
누구도 모르게
더러는 너마저 몰라야 하니
지난한 작업이다

너를 기다린다
태우기를 한다
아무도 모르게
소리를 재우고
연기를 마시며
춤추는 불꽃을 달래면서
재마저 씹어 삼킨다
태우기를 한다

어찌 사라지는 것이더냐
태우기란
나를 사위어
너를 얻는
최고의 행복인 것을.

윤들 일기 · 85
까치밥

대봉감을 따면서 우듬지에
제일 붉고 튼실한 놈으로
다섯 개나 남겨 놨는데
보름도 채 안 지난 오늘 보니
마지막 한 개만 남아 있다
그것도 반이나 쪼아먹힌 채로
저들 몫으로 알아서 먹어라고 둔 것이어늘
어찌 이리도 서운한가
좀 오래 볼 수 있게 아껴먹을 일이지

참 웃기는 일이다
먹든 말든 저들이 알아서 할 일인데
진정 까치를 위해 남겨둔 것이 아니고
나를 위함이었단 말인가
조만간에 흔적도 없이 사라질 터인데
그래도 못내 아쉬움을 떨칠 수 없다
그대처럼 오래두고 보고 싶은 마음인데 말이다.

윤들 일기 · 86
너의 문

긴 시간을 하염없이 두드리다 지쳐
돌아서려는데
어렵사리 삐죽이 열리는 문
여의치 않아도 비집고 들어가 보지만
반기는지는 알 수가 없네

내보내기도 하고 들이기도 하는
그리울 때는 열고
미워질 때는 닫고
더러는 서운하고 아쉬워도 내보내야 하고
마음과 달리 다시는 들어오지 못하게
닫아야 할 때도 어찌 없겠냐 마는
욕심이런가 나만의
활짝 열어젖혀 주기를 바라는 건 아닌데
상시는 아니더라도
간절할 때 드나들 수 있었으면 좋으련만

아무런 예고도 없으니 예측인들 어찌 하랴
새파람은 말할 것도 없고 문둥갈바람만 불어도 닫히고

어쩌다 몰려오는 흰구름에는 열리기도
닫히기도 하는
수동도 자동도 아니고
때로는 쉽사리 제어할 수도 없어
무시로 여닫히고
크다 작았다 제맘대로라
열려있어도 더러는 들어갈 수가 없으니
도무지 가늠할 수가 없네

문이란 것이 애초에
닫기 위해 만든 것이더냐
열기 위해 만든 것이더냐
열고 닫고
닫고 열어
들이고 내보내기 위해 있는 것이어늘
아무래도 나에게만은
닫아걸기 위해 존재하는 듯하구나
이를 어이하리

시간이 흘러 언젠가 닫힌다 해도
다만 묻어질 뿐이지
넘나든 발자욱은 흔적 없이 사라질까
서성이다 돌아선 서글픈 길손으로나 기억될까
혹시라도 외려 스스로 갇혀서 답답해 할 때면
누군가 바깥에서 부수어야할 날이 오지나 않을까
꽉 닫힌 작은 틈 사이에 꽂아 둔
한 송이 꽃이 말라비틀어진다면
울어야 할 사람은 누구일까

나는 아니 울 것이다
마른 꽃을 씹으며 더 향기 짙고 예쁜 꽃을
다시 꽂아 두고 돌아 설 것이다
그 꽃이 또 마른다면 다시는 두드리지 않으리라
내 앞에 엎드린다 해도
울지 않으리라
그리고
마주한 나의 문은 언제나 열어 두리라.

윤들 일기 · 87
치열하고 싶다

다시 치열해 지고 싶다
눈두덩이 퉁퉁 붓도록 울고 싶고
벼락같이 화도 내고 싶은데
마음에 없이 베시시 웃을 때가 잦으니
어느샌가 타협하는 것만 배웠나 보다
선의라는 명분으로 거짓말이 늘고
너의 귓볼인 양
시간의 부스러기들을
추억들을 조물닥거리고
너의 유방인 양
기억되는 영상들을 만지작거리며
점점 세련되어 가는 립 서비스 속에
또 다른 시간들만 잡아먹고 있다

네가 있어
내가 있음인데
내 편인 줄 알았던 시간은 돌아 앉아 있는데

사랑이라면
사랑하고 싶다면
사랑하고 있다면
다시없는 사랑이고 싶다

너를 얻는 댓가로
나로부터 모두가 떠난다 해도 치열하고 싶다
빙하 속 얼음장보다
용광로에서 끓어 넘는 쇳물보다
더 차고 뜨겁게 치열하고 싶다.

윤들 일기 · 88
어둠 · 1

고름 없이 감춰 주고
지체 없이 숨겨주고
아낌없이 싸안아 주다
지쳐버린 어둠이여
오늘은
너의 아픔에 대해 생각해 보노라

언제나 내 편으로 알고
어린아이처럼 응석을 부리고
대체로 자랑하지 못할 추한 것만 내밀어도
짜증 없이 무던했었지
어느 날인가
첫 키스 또한 너와 같이 했건만
잘 풀리지 않는 사랑이라도 있을 때면
온갖 원망 또한 너의 몫이었고
뜻하지 않게 싸늘한 이별이 왔을 때는
밤새껏 대신 울어 주었지
찬비가 내렸었지

어둠이여
이제는 알 것도 같다
가끔은 너도 위로 받고 싶다는 걸
아무런 댓가도 없이 기쁨만큼이나
슬픔도 같이 해야 했던 너
여명이 오면 스스로를 양보하고
왜 아침을 맞아야 했는지
이제는 알 것도 같다.

윤들 일기 · 89
섬 · 3

어쩌다 기약 없이 낯선 곳으로
가야 할 일이라도 생기면
너를 두고 혼자서 가련다

혼자서 가는 길일지라도
다시 돌아오기 위해서
섬에게 손을 내밀지는 않으리라

섬은
마주잡아 줄 손은 없고
그저 웃어 줄 뿐
너와 다른 것은
언제나 그 자리에 있다는 것.

제2부

겨울

윤들 일기 · 90
애인

두 갈래로 나뉘는 갈림길에서
이리 가야 할지
저리 가야 할지
망설이다가
둘 다 아닌 것 같아
무작정 제자리에서 갈팡일 때
되돌아가는 길도 있음을 가르쳐 준 너

너에게로

친구도 아닌 너는
다시없는 나만의 애인인가.

윤들 일기 · 91
길들이기

이보다 더 이기적인 것이 세상에 있을까
서로는 서로에게 편하고 유리하고
도움 되게 끊임없이 길들이는 작업을 하고 있다

머리털 나고 처음으로
식빵에 계란 프라이와 얇은 햄이든
아침을 받고선 밍기적거리니
지난 가을 무화과로 만든 쨈을 들이민다
몇 차례 들먹였지만 코대답도 아니 했기에
밥에다 된장찌개나 국을 수십 년 고수해 왔었는데
오늘은 일방통보와 거의 동시에 거부할 겨를도 없이
시행된 것이다

평화로우려면
잘 길들이거나
잘 길들여져야 하는 것인가

사람이 짐승을 길들여 가축으로 삼고
사람이 사람을 길들이면 종이 되는 게지
너에게 나는 무엇인가
거듭되는 갈증을 늘 감질나게 축여 주며
길들이고 있지는 않는가
사랑의 노예로 말이다.

윤들 일기 · 92
오죽

오죽(烏竹)이 검은 까닭은
속은 이미 다 타버려서
더는 태울 수 없는
나를 닮았기 때문이다.

윤들 일기 · 93
사랑

참 이상하다
누구나 더 가지려 다투며
살아가는데
사랑하면 달라진다
사랑에 빠지면
외려 많이 퍼 갈수록 좋고
온통 다 차지해 주면 더 행복해 진다
아까운 게 마음인데
더군다나 당신이라면 말이다.

윤들 일기 · 94

잠언(箴言)

살아가면서 이래저래 쏜 화살들이
어느 날 네게로 도로 날아오는 걸
맞은 적이 있는가.

비수 하나 품고 있거든
더 갈지도 말고 던지지도 말아라

너와 같지 않으면
다 틀렸다고 단정했던 모든 것들이
더러는 자신에게로 날아올 화살촉을
더 뾰족이 가는 작업이라는 걸 아는가
너와 다를 뿐임을 인정하라

비수 하나 품고 있거든
가슴속 용광로에다 던져 버려라
녹는 동안은 아프더라도
다 허물어지고 나면 더 편해 질 터이니.

윤들 일기 · 95
너 · 5

햇살이 눈부실수록
꼬옥 가려 두고픈 건
딱 하나
너

밤이 깊을수록
오롯이 보고 싶은 건
딱 하나
너.

윤들 일기 · 96
例外(예외)

감은 떫을수록 달디 단 홍시가 되지만
죽고 못 살 사랑일수록 자칫 변하면
증오도 깊어집니다
이별이 낳은 아픔은 시간이 지나면
감미로와 지기도 하지만
훗날
진실하지 못했음을 알게 된다면
용서되지 않는 증오로 남습니다
정작 그대는 모른다 할지라도
뭘 두려워하는지 나는 알기에
특별한 그대는 예외로 둡니다.

윤들 일기 · 97
사랑하고 싶거든

사랑하고 싶거든
진실로 외로워야 합니다
그대 외롭기는 한가요
그래도 사랑하지 못한다면
외로움이 사치스럽기 때문입니다.

윤들 일기 · 98
단풍

지나는 바람에게 손사래를 쳐도
애써 감출수록 더 붉어지는 사연을
나는 아는데

여인이여
뽀얗던 얼굴이 석류알처럼 빛나거늘
어이하여 숨기려고만 하느냐

여인이여
가슴마저 타버리기 전에
내게로 오려무나.

윤들 일기 · 99
자유를 위하여

반갑잖은 겨울비는 이틀째 추절거리고
寂寥(적요)는 가슴속 후미진 곳까지
파고드는데
갈 곳 없는 상념들은
퇴색한 잔디위에 낙엽으로 젖어 있구나
무엇을 할 것인가
부질없는 시간들을 파묻게 무덤이나 하나 만들어야겠다
너와 나 같이 들어가면 어떨까
온전한 자유를 위하여
다시는 나오지 못하도록 깊디 깊이.

윤들 일기 · 100
가자 마다가스카르로

그대 薄情(박정)함으로 모든 것이 쓰러지려는 날
의미는 혼돈의 해무 속에서 헤적이는데
몸둥이 하나마저 이리도 갈 곳이 없는 날에는
가자 마다가스카르로
가서, 유달리 눈이 큰 여우원숭이와 줄지어
그들처럼 옆으로 뛰며 놀아보고 싶다
뒤도 앞도 보지 않게
뛰놀다 지치면
어느 바오밥나무 숲 그늘에다 살포시 뉘고 싶다
너 없어 초라해진 영혼만이라도.

윤들 일기 · 101
바램

본시 박복한 놈이었느냐
무밥에 시래기국만 먹고 산들
별시리 아쉬울 게 없지만
간간이
즐거움이든 괴로움이든
누군가를 그리워하고
누군가가 그리워해주는
그런 삶이면 족하련만

그것이 너였으면 더 좋겠다.

윤들 일기 · 102
낚시

낚시란 것이
시간과 공간이 주는 자유와
즐거움이 어찌 작으랴만
갈 것을 결심하고
갈 곳을 물색하고
대상어를 정해서
포인트에 도착해 낚싯대를 펼치는 순간까지가
꾼에게는 한없는 행복의 시간이다

찌를 쑥쑥 물고 가
잘 잡히면 좋으련만
입질이 없어 녹록치 않을 때면
직침으로 세월을 낚았다는 강태공처럼
때가 되면 소식이 있을 거라
무작정 기다리기도 하고
이리 저리 장소를 옮겨 가며
멈춰 선 조류를 내켜하지 않거나
제 할일을 다하고 있는 물때를 탓하기도 하고
물색이 맑거나 탁해도 구실로 삼고

수온을 떨어뜨렸다며 간밤에 분 새파람을
원망하기도 하며
이리저리 자리를 옮겨보기도 한다
무슨 입질이든 감지덕지 기다리다가도
잔챙이라도 걸리면 성이 안차 투정을 해댄다
급기야 미끼 탓을 하며
이것저것 꿰어 봐도 별 무반응이면
마지막엔 장소와 애꿎은 용왕님을 원망하고 만다
이쯤 되면 행복이 작은 불행이 되는 것이다
어떤 경우에도 내 탓은 아무도 아니 한다

물때를 잘 맞춰
조류도 잘 흐르고
수온도 적당할 때
큰 물고기들이 자주 지나는 길목이나
모이는 곳에다 제일 싱싱하고 맛난 미끼를 꿰어
바늘을 드리우고도 잡히지 않으면
무엇을 원망해야 할까
감성돔을 노리는데 노래미가 물면 어쩌고
큼직하고 때깔 좋은 참돔이라도 물면 어쩔까

물고기란 것이 보이지는 않지만
숨어본들 한 바다 속에 있는데
수족관이 오대양이라 좀 넓을 뿐
다 내 것이라 여기면 되는 것을
오늘 잡지 못하면 내일 잡으면 되는 것을
꾼들은 왜 조급해 하는지 모르겠다

그대의 입질만을 기다리는 나는
언제나처럼 오늘도 낚시 중이다
그대만 낚아야 하는 아주 특별한 작업
바늘에다 미끼 대신 그대 이름을 매달아 둔다
어둠에 빛나는 야광찌는 조류 따라 자박자박 흐르고 있다.

윤들 일기 · 103
하나 되기

윤들이 가장 아름다울 때는
바다가 먼저 깨는 아침도 아니요
그리움이 더 짙어지는 노을진 석양도 아니다
잔디밭에서
연못에서
텃밭에서
씨암탉이 고고대는 깜장염소 울타리에서
그들과 어울려 하나가 되고
작은 섬 하나가 웃어줄 때이다.

윤들 일기 · 104
껍데기 예찬

유자청을 만들려고
샛노랗게 잘 익은 녀석만 골라
반으로 나눠 속은 파내서 버리고
껍데기만 남긴다
껍데기는 가라고 누가 말했던가
유자 뿐 아니다
껍데기라고 우습게 보지마라
몸에 좋다고 현미를 먹고
통밀빵을 찾는가 하면
더 이쁘고 따스운 것도 있더라
닭털도
오리털도
토끼털도
여우털도
양피도
밍크 모피도
사미족들의 온몸을 감싼 순록피도
번들거리는 여인네 목을 감고 있는 족제비 목도리도
껍데기가 아니더냐

음식이 되고
옷이 되고
박제가 되어
속알보다 훨씬 오래 남아
즐겁고 따습게 해 주더라
사람 말고는 말이다.

윤들 일기 · 105
영원

못난 소나무가 선산 지킨다 했던가
유자가 품고 싶을 만치 탐스러이 물들면
굵고 흠집 없이 깨끗한 놈은 수확을 하고
나머지는 그냥 매달아 둔다
방치되는 것이다
감과는 달리 까막까치나 빈치도 쳐다보지 않는데
어찌 서럽지 않으랴
서리가 내리고
완연한 엄동이 오면
얼었다 녹았다 반복되는 고통 속에
때깔마저 잃어버리고 종래에는
말라비틀어지고 떨어져서 썩어 갈 것이다
먼저 선택받은 놈은 누군가의 입과 거죽을
즐겁게 하겠지만
선택받지 못한 놈은 어쩌면 더 오래 향과 태로
나의 눈과 가슴을 즐겁게 할 것이다
참 고마운 일이다
산다는 것이 결국 품거나 버리는 행위의 연속이
아니겠는가

자신의 뜻과는 상관없이 선택되기도 버려지기도
하겠지만
선택받는다고 행복하고 그렇지 못해 불행해지는 건
아니지 않은가
더러는 선택받지 못한 것이 행운일수도 있으니
버림받아 너의 곁에 더 오래 머물 수 있다면
서슴없이 그 길을 택하리라
곱게 늙어가기 위한 영혼의 향기를 맡을 수 있을 때까지
영원은 애초에 없던 일
적어도 살아있는 날까지는 말이다.

윤들 일기 · 106
사랑의 이유

당신이 이리도 그리운 날엔
내 작은 연못을 들여다봅니다
당신의 미소만큼이나 엷게 살얼음이 낀 오늘은
창백한 낮달도 보이지 않고
알맹이를 잃은 밤송이 몇 개 허탈스레 늦잠을 즐기네요
뇌쇄적이던 정염의 수련도
소담스럽던 애기연도
얼추 삭아 문드러지고 찬물에
새끼붕어 서너 마리 분주한데
뒷다리도 나오고 앞다리도 나왔건만
아직은 줄이지 못한 꼬리가 무거운지
죽은 듯 업디어 있는 올챙이 한마리가 보여요
줄여야 사는데
살아야 어른이 될 터인데
나날이 차가워지는 물속에서 꼬리를 떼 낼 수 있을까요
어찌하던 살아남아 봄이 오길 기다려야 할까요
아시나요, 님이여
올챙이가 꼬리를 줄여 개구리가 되는 한 살이는
전설이 아니랍니다

그리움이 농익고 곰삭아 사랑이 되는 것 또한
신화가 아니랍니다
다만 살기위한 지난한 몸부림일 뿐인 것을요
나는 살고 싶어요
그래서 사랑하는 것이랍니다.

윤들 일기 · 107
너 · 6

세상에 너 하나뿐이라면
관심조차 없었을지도 모른다
수많은 군상 중에 작은 너로 다가섰기에
스스럼없이 맞았다
오로지 너만 보이고
생각하는 것만으로도 행복이 되는 시간들
너 아닌 누군가가 웃어 준대도
네가 주는 눈물보다 못한 것

많은 것 중에 하나
하나에 다 있는 너.

윤들 일기 · 108
다시 태어난다면

다시 태어난다면 나무처럼 살고 싶다
따뜻할 때 입고 있던 옷을
추우면 외려 벗는 떡갈나무 같이
많이 참을 줄 아는 그런 마음

다시 태어난다면 나무처럼 사랑하고 싶다
쓰라린 그리움에도
한 번씩 흔들어 주는 이파리에 미소 짓는
다가가도 물러서지 않고
가만있어도 미워하지 않는
오고 가지 않아도 서로에게
가지만 내밀면 그만인 그런 사랑

간간이 불어오는 바람이 흔들어도
결코 서로를 밀어내지 않는
살아있을 때까지 언제나 그 자리
다시 태어난다면 차라리 나무이고 싶다.

윤들 일기 · 109
비교

참 난 멍청하다
詩도 사랑도
언제나 아파만 하니까

참 넌 현명하다
詩도 사랑도
즐거이 노닐게 하니까.

윤들 일기 · 110
매화를 보라

하염없는 설렘으로 엄동에 터져버린 매화를 보라
사랑이란 끊임없는 기다림을 가슴에 품는 것
두려움을 꽃눈 속에 싸자매고
눈보라에 언제 주눅 들더냐

벙글다
벙글다
더는 견딜 수 없어
아림으로 터져 매다는 열매
열매는 책임지는 것
사랑 또한 진솔히 책임지는 것

진실하다고 우기지 않아서
더 진실해 보이는
매화를 보라

그대여
사랑하려거든
한 겨울에 피어난 매화를 보라.

윤들 일기 · 111
칡을 파면서

땅속으로 들어간 칡을 판다는 것이
무작정 뿌리가 뻗은 방향대로
파 들어가면 되는 줄 알았는데
결국은 주변보다 낮추는 작업이더라
쉽게 낮춰지면 무슨 가치가 있으랴
흙을 끌어내야 한다
엉킨 나무뿌리를 뜯어내고
박힌 돌덩이를 뽑아내면서 말이다
낮으면 물이나 흘러들어 고이는 줄 알았는데
낮추니 드러나 더 돋보이고
오롯해지는 것이 있더라
뭣도 모르고 뻗은 대로 따라 파기만 할 때는 몰랐는데
오늘따라 힘이 더 드는 건 어인 일인가
쓸데없이 알아버린 이치가 아닌지 모르겠다.

윤들 일기 · 112
떠난다는 것

떠난다는 것이 그리 쉬운 일인가
잠깐 거닐던 잔디밭을 벗어날 때도
뒤돌아 보이고
들여다보던 연못에서도 빤히 비치는 얼굴
떠난다는 것은
자르는 것인가
인연이라는 것은 두부나 무가 아닌데
무엇을 자른단 말인가
어떻게 떼 낸단 말인가
시간은 멈추지 않고 잰걸음으로 내닫는데
정말 두려운 건
어느 날 우리에게 닥쳐 올 아름답지 못한 이별로 하여
쏟아지는 슬픔이 거세게 흐르는 눈물강이라도 되어
그대마저 휩쓸어 삼킨다면
어찌해야 할지 아득하다는 것이다
그대를 사랑하기에 정녕 원치 않는 일이다.

윤들 일기 · 113
어리석은 그대여

몸뚱이 하나는 적당한 담장이면
막을 수 있겠지만
마음을 어찌 막으려 하나요
넘나든 문지방에 각인된 발자욱은
갈수록 선명해지고 있는데

어느 날 나의 영역을 초대도 없이
침범했던 너라는 크나큰 배
방황을 붙들어 맬 마지막 항구라 여겨주길 바랬었지
안온한 저반을 위해
부랴부랴 정리했던 시간과 공간들이 채 완성되기도 전에
아무런 셈도 없이 총총히 떠나려던 너
너로 하여 모처럼 윤기 나던 나의 영혼은 소스라치게 놀라
쓰러졌었지

사랑보다 이별이 먼저인 양
넘어오지 못하게
넘어가지 않기 위해
손아귀를 벗어나는 너무 굵은 밧줄을 잡고 버티느라
힘겨워하는 그대여

놓아 버리면 편할 것을
차라리 놓아 보셔요
허물어 보셔요
엉성한 울타리를 오고 가더라도 가둘 수 없으니
편해질 거예요
어디로 갈지는 생각지도 말아야 해요

사랑을 전부로 여기는 안스런 그대여
사랑이란 것이 전부라 여기지 마셔요
지나고 나면 일부일 뿐이고
이별 또한 연장선에 놓인 것
길가에 널브러진 돌맹이에 낀 이끼 같은 것
실체도 보이지 않는 이별을 준비하며
지레 슬픔을 예견하는 어리석음을 범하지 마셔요

사랑보다 이별이 먼저 일 수는 없는 일
나의 부족함 때문이라면
그대의 부족함은 생각하지 말고
처음 만난 순간 다 접었다 여겨 보셔요

생각을 바꾸어
내 어깨에 살며시 기대 보셔요
돌아서 간 뒤 다시 생각난다면 사랑입니다

나를 선택한 순간 그대의 자존심은
무장해제 된 상태
민들레 홀씨처럼 날아간 걸 모르시나요
날아는 갔지만 사라진 건 아니에요
마치 재건축을 기다리는 아파트처럼
내가 떠나가는 날 아픈만큼 더 튼실히 세워질 거예요

한 번만 더
내 어깨에 살며시 기대 보셔요
돌아가는 길 억지로 미소 짓지 마셔요
뒤돌아보지 말고 곧장 가셔요
가시거든 다시는 돌아오지 마셔요
훗날 내가 그대를 사랑한 것이
생애 최고의 선물이었음을 알게 되거든
열없어 하거나 울지 마셔요, 제발.

윤들 일기 · 114
시래기

마르고 뒤틀리면서 버려야 했던 생명이
불리고 삼켜서 부활되면
쌀뜨물은 최고의 동반자
혼자서도
둘이나 때론 여럿이라도
어울리지 못할 데 무에가 있을까

된장은 미워하지 못할 운명의 연인
고기도
생선도
어디 안 어울리는 것이 있는가

주연을 맡아도 우쭐대지 않고
조연을 맡아도 우러러 볼 일 없는
때론 주연보다 더 조연 같고
조연보다 더 주연같은
참으로 넓은 가슴이구나
너를 보면 한없이 부끄러워지는 나

톡톡한 쌀뜨물에 생된장 풀고
들깨 갈아 걸러 넣고
굵은 멸치 몇 마리 빠트려 두어 소끔 끓여 낸
아버지가 보이고
어머니가 웃어 주는
시래기국 한 뚝배기의 맛을
어찌 어줍은 내 인생에 비길까
허기진 길손의 배를 채워주고
곁들인 소주 한 잔은 쓰러진 영혼을 일으키는구나.

윤들 일기 · 115
사진

그만 잘란다
  그만 보고

그만 잘란다
  그만 만지고

그만 잘란다
  그만 훑고

그만 잘란다
  그만 키스하고

그만 잘란다
  그만 섹스하고

그만 잘란다
  그만 엎고.

윤들 일기 · 116
너 말고는 · 1

어제 보름달보다도
오늘 열엿새 달이 더 밝아 보이는 건 왠일인가
하늘도 맑기가 별반 다르지 않은데

어제 보던 것들을 오늘은 아니 보련다
어제 알던 것들을 오늘은 잊으련다

너 말고는.

윤들 일기 · 117
너 말고는 · 2

가만있다고
아무나 기다리는 줄 아느냐
섬에게 함부로 다가가지 마라
파도야
너만 웃어다오
마주잡아 줄 손이 없단다

너 말고는.

윤들 일기 · 118
너 말고는 · 3

한 해를 보내며
뒤돌아볼 일이 어찌 없겠냐만
끝내지 못한 일들에 대한 아쉬움은 없다
남겨 두어야 살아갈 이유가 아니겠는가
끝낸다는 것이 완성의 의미이기도 하지만
맺음이라면 반길 일이 아니다
더구나 작은 섬 하나와의 얘기는 계속되어야 한다

섬을 스치듯 떠가는 돛단배 하나
닿아야 할 항구는 점점 가까워지고
주어진 시한은 줄고 있어도
짬짬이 쉬어가자
조그만 포구라도 간간이 쉬어가자

끝내는 수평선 너머로 사라져야 하겠지
베어 먹은 술에 알맞게 취한 나도 데려가 다오
언제나 그 자리에 있지 마라, 섬이여
차라리 잊히기야 하겠는가

그 무엇에도 비길 데가 없구나
너로 하여 얻은 자유
그 상념들이 다시 울타리를 치고
나를 가두는데
누가 허물어 준단 말인가
차창에 걸린 창백한 하현달이 말이라도 한번 붙여 줄텐가
어디에도 없다
아무도 없다

너 말고는.

윤들 일기 · 119
너 말고는 · 4

병신년 초하룻날 아침에
거제 자연예술랜드에 가다
산야에서 제 맘대로 구르고 박혔던 돌들이 새 생명을
부여받아 나름대로의 모습으로
꼿꼿이 서 있는 이천여 기의 나한상 속에서 너를 찾는다
웃고 있는 녀석
울고 있는 여인
오만상 찡그린 모습이 있는가 하면
날 닮은 퀭한 눈빛으로 누군가를 하염없이 기다리다
넋 놓은 녀석도 있다
하나같이 저마다의 표정으로 말을 걸어오는데
눈을 부릅뜨고 찾다가 아니다 싶어
하나하나 찬찬히 뜯어 보다보니
멀구슬나무 아래서 때마침 떨어지는 열매를 맞아 가며
서 있는 너를 보다
이목구비가 또렷한 것이 어느 날
어렵사리 날 보며 웃던 모습을 제법 닮은 것 같아
저으기 놀라는데
보고 또 보니 아무래도 아니다

돌이라고 웃지 못할까마는
내내 웃는 모습이라니
차디찬 바위 위에 서 있을 리 만무다
밋밋한 나무 등걸 위에 얹혔을 리 만무다
따뜻한 내 가슴 속에 있는 걸 깜빡했구나
너 말고는
아무도 들여보내 주지 않는
오로지 너만 품을 수 있는 내 가슴 말이다.

윤들 일기 · 120
너 말고는 · 5

살아오면서
때론 너무 당당해서 미움을 받기도 했고
앞만 보고 가다 뒤에서 수근 대는 것을 알지 못하여
낭패를 보고는 비싼 댓가도 지불해 봤다
정의라는 명분으로 나로 하여 상처 입은 사람들의
아픔을 알고
미안한 마음을 가지기 시작한 것도 그리 오래되지 않았다
지나고 보니 다 나 잘난이었다

그나마 덜 부끄럽고 다행인 것은
나의 부족함으로 더러 굴욕스런 일은 있었지만
결코 비겁하거나 비굴하게 살진 않았다는 것

너를 바라보면서 다시 돌아보지만
아무리 빨라도 이미 늦어버린 후회는 하지 않으련다
이제는
살아오면서 못 해본 것들을 해보고 싶어진다
온유해지고
좀 더 포근한 가슴으로 대하고 싶다

단 한 사람이면 좋겠는데
어디 누구에게 하겠는가
없다
없어

너　말고는.

윤들 일기 · 121
너 말고는 · 6

내가 진정 힘들어 하는 건
너만 남기고 모두 지우는 일인데
작년보다 두 이레나 일찍 피어난
매화가 그리 반갑지 않으니
모를 일이다

왜 모르는가
모두 지우면 되는 것을
다 지워져도 너는 남을 텐데
허구한 날 눈 감았다 떠도
섬 하나는 언제나 제자린 것처럼
왜 모르는가 말이다

섬이 사라지는 날 너도 없어지겠지
매화가 만발하기 전에 잊어지겠지
어렵사리 모두 지워지겠지
애오라지 하나 뿐인

너 말고는.

윤들 일기·122
너 말고는·7

눈을 뜨고 생각이 시작되는 아침이면
으레 간밤에 웃고 간 조각달이 어디에 있나 살피고
그 다음은 나는 거르더라도 어김없이 닭 모이는 챙기는데
씨암탉 한 마리가 며칠째 보이질 않아
이리저리 찾아보니 겨우 웃비를 피할만한 구석쟁이
바위틈에서
알을 품고 있지 않은가
안스런 마음에 먹이를 들이 밀어 보지만 본체만체다
섭섭해도 이보다 성스러운 일이 어디에 있겠는가 싶어
한참이나 눈을 맞추다 돌아선다

이 엄동설한에
씨암탉이 알을 품 듯
나도 한 번 품고 싶다
이 엄동설한에
누군가를 품어보고 싶다
세이레 정도만 품으면 편하고 착한 모습으로 부화될까
어쩌다 내게로 떠온 섬도 싫고
별에서 살다 온 노랑머리 소녀도 싫다.

윤들 일기 · 123
너 말고는 · 8

해를 보다 눈을 감아도
감은 눈으로 별을 봐도
아무 것도 기억나는 게 없다

달을 뱉어버린 바다
아직 갈잎 몇 개가 힘겨이 매달려 있는 느릅나무
겨울 들녘에 청보리
된장찌개를 먹다 씹히는 땡초
다시 돌아볼 짬도 주지 않고 지나친
뒤가 트인 짧고 빨간 치마의 여인
7번 국도에서 미끄러져 미적지근한 온천에 담근
죽은 벼룩처럼 톡톡 튀지 못하던 장작개비
뒷산 멧돼지 콧구멍에 싹난 도토리 한 개
러시아워 한길에 가로지기로 멈춰선 차
그 옆을 지나는 노인네의 바람 빠진 자전거
바람 핀 암탉이 바위틈에 낳아둔 계란 세 개
섬에서 더 작은 섬으로 가는
다리 밑 햇살 돌면
쑥은 왜 모여 있었지

아무 것도 기억나는 게 없다

섬 하나
너 말고는.

윤들 일기 · 124
너 말고는 · 9

닭 먹으라고 준 내 살점 같은 모이를 까치가 다 먹는다
얄밉기 그지없다
사흘 밤낮을 싸워서 대장이 된 장닭은 뭐하는 놈인지
모르겠다
암탉이나 챙기잔 말인가
해마다 새해 벽두면 달력이나 화보에 까치가 등장하고
화가들 또한 즐겨 그리곤 했건만
요즘은 구경하기가 쉽지 않다
길조가 언제부턴가 밉상이 되어버린 세상인심에
따르나 보다
나는 무얼 그려 볼까나
화가가 아니고 어줍은 시인이기에 딱히 그릴 것도 없고 노래
나 해야겠다
밉살스런 까치도 말고
허풍쟁이 장닭도 말고
그러고 보니 마땅한 꺼리가 없네
한심한 노릇이다

너 말고는.

윤들 일기 · 125
너 말고는 · 10

뭐하고 사는지 모르겠다
허둥대기만 하는 내가 안스럽다가도 미워진다
이 엄동설한에도 매화는 피어나고
씨암탉은 알을 품었는데 나는
뭐하고 사는지 모르겠다

흙이 콧구멍을 막도록 뼈 갈리게 땅을 파서 칡을 캔들
허구헌 날 낚싯대를 들고 바다로 간들
정돈되는 게 없으니
혼란을 멈추게 할 그 무엇도 기다릴 데가 없으니
어디 가고 싶은 생각마저 없구나

너 말고는.

윤들 일기 · 126
비겁한 침묵

숲속에서 그늘이나 찾았다면
너는 눈에 뛰지 않았을 것이다
어쩌면 저 멀리 나미비아 사막에서 그늘을 찾고
있었던 것이다
부시맨처럼
창은 던져 버리고
사막 한가운데서 함정을 파고 너를 기다리는
코 콜라 거미가 되고 싶었는지도 모른다
이미 새겨진 문신 같은 기약이 마뜩찮아도
고쳐질 기미는 아니 보이는데
모래바람 이는 가슴에 는개비라도 내렸으면 좋으련만
너의 사막에는 비라고는 없구나
앞만 보고 달리는 밤은 하염없이 깊어지는데
다달하던 입술의 기억이 날카로운 가시가 되어
심장에 박힌들
다시는 입맛은 소금 한 옹큼
어디로 가는지도 묻지 말아야 할 침묵은
어둠의 치마 속으로 비겁하게 숨어 버렸다
미워지는 밤, 밤, 밤.

윤들 일기 · 127
그리움 · 8

하루 종일 같이 하지만
꿈속에서도 즐기는

Zoom
Fade-in
Overlap
Wipe-out
Fade-out
Close-up

잠꼬대
Monologue
너를 사랑해.

윤들 일기 · 128
그리움 · 9

내 생각이 항상 옳아야 하고
너의 생각 또한 나와 같아야 한다고
우기며 버틴 지난 시간들을
주머니 속에다 가두고 만지작거린다

말도 안 되느니
부질없는 짓이니
무슨 의미란 말인가
다르기 때문에 같이하고
같아도 달리 할 수 있음을

지난 시간에겐 미안하지만
그냥 나오면 되는 것을
주머니에서
그리움 한 조각만 지니고

힘들었냐고 묻지 말자
물음조차 가식일 수 있는 것을
묻고 싶거든 나에게 먼저 물어보자

습관처럼 차가워서 진실해 뵈는 하늘을 본다
하늘 한 번 올려다본다고 어찌 그리움이 가시리오만
떠가는 하이얀 구름꽃 한 송이가 오늘따라 정겹다.

윤들 일기 · 129
핵실험

간섭하지 마세요
내가 가지면 위태해서 안 되고
그대는 가져도 안전하니 되고

말도 안 돼

이미 가져 버린 걸
이미 내 가슴에다 품어버린 걸
이제 그대 가슴에도 터트릴 준비가 끝났는 걸
어떡하나요
약속해요
다른 곳에서는 절대 실험하지 않을께요
다른 사람에게는 절대 주지 않을께요
우리만 해요

말도 안 돼

이미 가져 버린 걸
이젠 내 것이네요

이미 품어버린 걸
이미 우린 서로를
인정해야 해요
다시 터트리기 전에
이젠 훼방 놓지 말아요, 제발.

윤들 일기 · 130
매화

엄동에 피어난 매화 몇 송이
대한도 얼어 죽었다는 소한 추위를 비웃고 있다
거만해 보이기까지 한다
간밤에 벌벌 떨었을 게 분명한데
햇살이 돌고 있는 지금에는

활짝 핀 매화 암술을 들여다본다
파르르 떠는 모습이
그리움을 먹고 사는구나
불같이 뜨겁다가
싸늘히 식기도 하는 거라서 조심스러워 하는구나
그래도
그리움이 있어 너는 사는 거구나.

윤들 일기 · 131
모순

앙칼지게 불어오는 된바람에
두 길이 넘는 종려나무가 고향을 그리며 단발마를
내지른다
예서 수십 년을 살아 왔지만
제 난 곳으로 보내 달라는 절규이다

장님 마을에선 애꾸가 대장이 될 터인데
눈이 두 개인 내가 애꾸 마을에 가면
어찌 살까나

눈만 두 개면 어떠리
나는 눈이 두 개인데다
가슴 또한 두 개나 되는데
감당 안 되는 가슴이 하나 더 있는데
네가 들어와 가부좌를 틀고 앉은 가슴이 하나 더 있는데
이디로 기야하나
갈 곳이 없구나
차라리 종려나무가 부럽다.

윤들 일기 · 132

시금치를 뽑으며

소한이 지났으니 단맛이 들 때다
이파리가 살폿 얼었다 녹기를 수 차례
뿌리까지 얼 때쯤이면 어김없이 달았다
텃밭 시금치는 다 얼고서야 달아진다

사람인들 다르랴
같이
진창을 오가고
눈비를 맞고
서릿발도 돋고
얼다가 녹고
울고 웃다가 보면
홍시처럼 달아도 질 터인데
도무지 안되는 게 있구나

그대만은.

윤들 일기 · 133
초승달

밤마다 별들에게 물었지만
하나같이
몰라요
몰라요
손사래만 치기에 오늘은
해님이 전부터 너를 기다렸는데
왜 그리 바삐 가려는 거니

내 사랑은 어디에 떠 있는지
녹진히 하고픈 얘기가 많은데
내가 미운거니
다른 차라도 기다리는 거니
내 사랑은 어디에 떠 있는지
내가 미운거니
다른 차라도 있는거니

내 몸뚱이를 보면 모르나요
대낮부터 나와서는
기다리다 기다리다 지쳐
이지러져 아파요.

윤들 일기 · 134
통발 · 1

성긴데다
틈도 보여
무심히 들어갔건만
나올 수가 없구나

그대처럼.

윤들 일기 · 135
통발 · 2

들어가기도 만만찮았는데
나가는 길은 도무지 보이질 않네

그대처럼

애써 왜 나가야 하나
그냥 있으련다.

윤들 일기 · 136
통발 · 3

그대처럼

애초에
가두려고 생겨난 것
내 보낼 줄은 모르지

나갈 것이면
들어가질 말았어야지.

윤들 일기 · 137
통발 · 4

내 발로 들어갔어도
내보내는 건

죽이든 살리든
그대의 몫.

윤들 일기 · 138
통발 · 5

들어가는 건 내 마음
내보내는 건 그대 마음

그렇게 만들었잖아
그러라고 있잖아.

윤들 일기 · 139
등대

시련이 더러 등대가 될 때도 있지
삶이 짙은 안개나 풍랑을 만나
갈 곳을 잃고 헤매일 때
스스로의 존재로
어딘지를 일러주는 사이렌 말이다
어딘가를 가리키는 등댓불 말이다

나 여기 있다오

시련을 두려워 말아요
견딜 수 있을 만큼만 주어진대요
굴곡 없이 밋밋한 영광이 어디 영광이라더냐
아픔 없는 사랑이 어디 사랑이라더냐
힘내세요
내 사랑이여
넌지시 기대보세요

나 여기 있다오.

윤들 일기 · 140
숙제

윤들에 내 말 듣는 것이 어디 있을까
바다 말만 듣는 걸
바람 말만 듣는 걸

겨우 이제 안 거죠
내 말에 움쩍 않는 섬 하나로 하여
진즉에 알았더라면
내 사랑의 길도 물어가며 갈 걸

어쩌면 좋아요
오늘같이 추운 날
내 말은 안 듣고
겨울이 다 돼 알에서 깨어난 올챙이는
바람 말만 듣고
동짓날에 피어버린 매화는

들을 리 만무하지만
염소하고 닭한테 숙제나 내야겠다
나 대신 시 한편씩 쓰라고.

윤들 일기 · 141
Only You · 1

바보같이 맨날
꽃을 어디서 찾느뇨
그래
그대가 꽃인 걸

웃고
울을 때마다
나름의 향과 빛깔을 지닌
온갖 꽃이 다 피어나는 걸

안개꽃을 왜 찾누
장미꽃은 왠일인고
그대 앞에선 다른 꽃을 찾지 않으리라

아암
그대가 꽃이고 말고
언제나 지지 않을 나만의 꽃.

윤들 일기 · 142
Only You · 2

너 하나 밖에 모른다고
너 뿐이라고
말하는 데는 이유가 있다

믿기 어렵고
궁금하거든
내 가슴속에 들어 와 보든가.

윤들 일기 · 143
착각

내가 바다를 지키며 사는 줄 알았는데
바다가 나를 안고 있더라

간밤에 너 때문에 울던 사연도

내가 섬을 돌보며 사는 줄 알았는데
섬이 나를 보듬고 있더라

아침에 너 때문에 웃은 연유도

알고 있더라
파닥이는 금비늘이 다 말해 주더라.

윤들 일기 · 144
공생

한길 구덩이를 파 놓고
못된 상념들은 묻어 버릴 생각으로
회초리를 들었는데
내가 왜 아프냐
내가 왜 비명을 지르느냐
내 몸에 왠 생채기냐

차라리 내가 들어가는 게 낫겠다

죽이면 내가 아프구나
죽으면 같이 죽는구나.

윤들 일기 · 145
설국

밤새
다 덮었는데
빠진 게 있네

내 사랑

눈꽃으로 피어났네.

윤들 일기 · 146
Reset

눈 질끈 감고 꾸욱 눌러라
다 날려 버리고
판을 다시 짜고 싶거든

손가락에 빛나고 두툼한 반지를 끼고 싶거든
굵고 맛있는 사과나무를 심고 싶거든
삶에 지쳐 무뎌진 칼에 날을 세우고 싶거든
잘못된 그림을 다시 그리고 싶거든
어제 맛없던 키스를 물리고 싶거든
지금의 사랑이 마뜩잖거든
모든 걸 다 버리고 싶거든

후회하지 않기
다음도 생각하지 않기
판을 다시 짜고 싶거든

더 가는 반지에
작고 떫은 사과에
더 녹 슬은 칼에
형편없는 그림에
더 밋밋한 사랑에
후회할 생명마저 사라질지라도
용기 있는 자여
눈 질끈 감고 콕 눌러 보라.

윤들 일기 · 147
용서

살아오면서 용서를 받기만 한 줄 알았는데
더러는 내가 용서한 일도 있더라

용서받기도
용서하기도
힘들긴 매일반인데
용서되는 것과
안 되는 것에 대한 구분은
멍든 채 통째로 떨어지는 동백꽃한테나 물어 볼까나

조금도 기다려 주지 않고 망월산을 넘어버린 초승달과
섬 하나가 날 우습게 사랑하는 거 말고
더 해야 할 용서가 있는지 잘 생각 해 봐야겠다

결국
용서란 것은
자신에게 하는 거더라
뚝 뚝 떨어지는 동백꽃처럼
스스로 편하려고 하는 거더라.

윤들 일기 · 148
늦은 자각

아직도 모르고 있다
나의 시가 가짜일수도 있다는 것을

엄동에 알을 품은 씨암탉
소한에 만발한 매화
샐쭉샐쭉 토라지는 깜장염소들

너희들의 사랑이 더 치열하구나

너희들의 진솔한 시가 더 짠한 이유를
이제야 얼핏 알 것도 같구나.

윤들 일기 · 149
길이 있으면

그 끝이 어딘지 모른다
애초에 시한은 우리가 만든 것이고
길이 끝나는 곳에 다다름이 시한인 것을
다만 길이 있으면 가야한다

지난여름 돌탑에 벗어 놓고 간 물뱀의 허물을
생각하며 난 무엇을 벗어 던졌는지 고민 할 필요를
느끼지 않는다
그 뱀이 어디서 겨울잠이나 제대로 자는지
하나도 궁금하지 않다
이 터무니없는 무관심은 어디서 나오는 걸까

하염없이 가는 수밖에
가다가 어느 하얀 설산을 만나고
그곳이 설사 샹그리라일지라도 놀랄 일이 아니다
나를 멈추게 할 수는 없다
만족하고 머무를 일도 아니다
돌아 돌아서라도
더 갈 수 있는 길은 열릴 것이고
그 길로 나아갈 수 있으면 살아 있는 것이다.

윤들 일기 · 150
미운 봄

언제 부턴가 나는
봄을 기다리지 않았다
봄은 늘 나에게 거만해 보였고
버르장머리도 없었다

아무런 예고도 없이
제 맘대로 와서는 꽃샘추위라며
봄이 아닌 척 시치미를 떼곤
어영부영 말없이 가버리지 않았는가

나는 올해도 봄을 기다리지 않는다
그대를 기다리지 않듯이.

윤들 일기 · 151
오늘 밤엔

오늘밤엔 잠옷만 걸친 채 세 번이나 나갔다
하늘을 보러

첫 번째

별들이
하나
둘
서넛
예닐곱
여남은
떼거리로
천원(天苑)에서 저마다 얼려
축제를 즐기더라

두 번째

제자리를 벗어나
바삐 움직이다
혼란스레 날뛰기도 하고

이리 몰리고
저리 쫓다가
아
뿌연 것이
뿌연 것이
연어 암컷이 알을 낳자마자
뿜어버린 수컷의 씨물처럼
은하가 흐르더라
골골이 흐르더라

세 번째

자정을 넘긴 시간
축제는 끝나고
어울리지 못한 몇 개만이
시리게 반짝이더라
잠들지 못하더라
구석쟁이에 웅크리고 있는 내 별도 보이더라.

윤들 일기 · 152
동백꽃

그대여
제발 날 사랑하지 마셔요
알 듯 모를 듯 그리워만 해주셔요
가슴에 멍 자욱이 보이지 아니한가요
사랑한다는 건 너무 힘든 일이랍니다
그대에게 같은 고통을 주기는 싫어요

제발 날 사랑하지 마셔요
어리석게도 사랑한다면
난 죽을지도 몰라요
주체 못할 환희에 숨이 막혀버릴 거에요
뚜두둑 떨어져 버릴 거네요
제발 날 사랑하지 마셔요.

윤들 일기 · 153
억지

오늘 밤엔 영문 없이
가슴이 송두리째 비어버린 것 같다
바다에게
하늘에게
안아달라고 애원이라도 해볼까

오늘 밤엔 뜬금없이
가슴이 터널처럼 뻥 뚫려버린 것 같다
어둠에게 채워 달라고 매달려 볼까

그대 아니면 어림도 없는 줄
번연히 알면서.

윤들 일기 · 154
벽

막고 있는 것이냐
가두고 있는 것이냐
넘지 마라고

뉘라서 친 것이냐

가지도
오지도 못하게
너와 내가 친 것이더라
우리가 쌓은 것이더라

두어서 좋다면야
별 문제이겠지만
아니라면

뉘라서 허물 것인가

너와 나
우리가 허물어야 할 것이더라.

윤들 일기 · 155
가시

아침에 세수를 하려는데
손가락 하나가 쓰리고 아려서 보니 가시가 박힌 것 같다
엊그제 칡을 캐다 망개나무에 긁힌 듯한데
그때였나 보다
자세히 보니 노랗게 곪으려하는 중앙에
보일락 말락 까만 점 하나가 있다
가시다
바늘이 동원되고 소독약도 바른다
내보내고 나니 시원하다
차라리 가시만큼 살점이 떨어져 나갔더라면
이만한 아림이었을까
보태면 힘들어지는구나
조금 손해보고 사는 것이 더 편하겠구나.

윤들 일기 · 156
Mirage

서 있었지 그곳에
너

빤히 보고 있었지
나

어울려 사라져 버렸지
너와 나.

윤들 일기 · 157
낮달

먼저 나와서 기다리나 거니
나처럼

간밤에 할 말을 다 못한 거니
너처럼

별들의 시샘도 아니
밤이 짧아서도 아니
대낮에도 빛나고 싶은 게지
너와 나.

윤들 일기 · 158
기우

소한도 대한도 지나고
입춘마저 지났는데
하늘에 별마저 얼어버리고
몇 개 없는 밤
동지에 핀 매화가 안쓰러워
손전등을 비추며 다가섰는데
조금 힘들어 보이기는 하지만
흐트림 없이 꼿꼿이 버티는 꽃잎이
의연하기 이를 데 없다
나의 근심을 비웃기라도 하듯
일찍 핀 것은 열매까지 맺은 것이 아닌가

매화를 보면서 나를 본다
시련이 올지라도 견딜 만큼 일거라는 걸
설령
내가 너를 보내지 못 해 피눈물을 쏟더라도 말이다.

윤들 일기 · 159

Only You · 3

날더러 생각이 너무 많다고 하는데
아무래도 아닌 것 같다
너도 잘 알잖아
너만 있다는 것.

윤들 일기 · 160
숨쉬기

어느 날
네가 가고 혼자 남겨지는 날이면
힘겹더라도
늘 잊지 말아야 할 일.

윤들 일기 · 161
구름 하나 그리고 싶다

새해 아침
하늘이 너무도 깨끗하다
파랗다 못해 시리다
내가 붓이고
물감이라면
온몸으로 뒹굴어
그림 한 점 그리고 싶다
지워지지 않을 유화 한 점 그리고 싶다
하얀 구름 하나 그리고 싶다
잊혀지지 않을 소망 하나 새기고 싶다.

윤들 일기 · 162
한계

나는 현재 활공만이 가능하다
새가 아니기에
솟아오르지는 못하는
날다람쥐가 친구이기 때문이다
제한된 내 능력으로 너를 구하려면
더 높은 나무에 올라야 하는데

사랑은 높은 산정에 있고
세찬 바람 속에 나누어 가질 낭만은 없어 보인다
내 몸을 던진대도 활강만이 가능한데
제한된 능력으로 너를 구하려면
더 높은 산에 올라야 하는데

안타까이 안타까이
산정은 가파르고 멀기만 한데
산은 그리움의 푸른 숲을 품었어도
哀戀(애련)의 나무는 너무도 아련히 있네.

윤들 일기 · 163
네가 있기에

간밤 선잠을 잤지만
기억하지 않아도 될
개꿈들에 대한 미련이
조금도 없기에 개운하다

분명한 건
먹다 남긴 피자 반 조각이
접시에서 이탈해 방바닥에 널부러진 것도
어렵게 먼저 핀 매화가 떨군 꽃잎도
이미 떨어져 나간 달력의 첫 장도
모두가
사랑스런 너를 위한 소품일 뿐이라고
믿고 산 가여운 시간들에게
보상이 필요하다

네가 있기에 가능한 일이다.

윤들 일기 · 164
아무 것도 보이질 않는다

간만에 배를 타고
그리 멀지 않은 바다에서
낚시를 하는데
물고기는 물지 않고
새삼 안 보이던 것이 보인다

너랑 뭍에서 함께 할 때 못 보던 것이 보인다
간밤 숙취로 배멀미 탓은 아닌 듯한데
해원은 어느 새 울타리가 되어 나를 가두는데
이렇게 떠 있으니
너를 두고
이렇게 떠갈지도 모른다 생각하니
아무 것도 보이질 않는다
아무 것도 보이질 않는 것이 비로소 보인다.

윤들 일기 · 165
우중매

사랑이
다시 없으리라 여겼던 사랑이
떠나려 한다
내리는 겨울비에 발자욱을 묻고
가만 가만 떠나려 한다

떨어지는 빗물에도 얼룩지지 않는 사랑이여
한 점 미완성 수채화로 남을 수 있을까

매화는 피는데
흐느끼며 피는데
서러이 흐느끼며 피는데
다시 없으리라 여겼던 사랑이
떠나려 한다.

윤들 일기 · 166
차이 · 2

섬과 당신은 닮기도 하고
다르기도 합니다

철철이 매무새를 달리 하는 것이나
간간이 흰 어금니를 드러내며
화를 내는 모습이나
꽃을 피워 누군가를 기다리는 것이나
문둥갈바람에 샐쭉해지는 모습이나
보이면 안심이고
안보이면 불안스런 것이나
매일반인데

섬은 언제나 그 자리지만
당신은
안온한 항구가 있어도 정박하려 아니하고
늘 불안스레 떠다닙니다

그래도
둘 다 존재만으로도 아름다울 뿐입니다.

윤들 일기 · 167
모를 일

내가 잠자는 방은
겨울이면 외풍이 심해서
부득이 잠옷을 걸치고 자는데
아침에 일어나서 보면
아랫도리가 허전한 것이 늘 벗겨져 있다

내가 벗은 기억은 도무지 없는데
발칙하게스리 누구의 소행이란 말인가
꿈속에서 님프라도 다녀갔단 말인가
홀로 잠든 방에서 일어나는
알 수 없는 일
모를 일이다.

윤들 일기 · 168
그녀는 부재 중

내가 좀 이상합니다
하루 종일 붙들고 놀던 매화도 지겹고
그윽하던 매향은 속을 미식거리게 합니다
떠가든 말든 섬 하나를 이틀 째 애써 외면했고
간만에 타는 듯 붉은 저녁노을도 그냥 보냈습니다

그나마 나을까 싶어 일찍 떠오른 반달을
한참이나 뚫어지게 쳐다봤지만 그만입니다
비닐을 씌운 냉상 속에 딸기가 익기를 누가 기다리는지
씨고구마는 언제 심어야 하는지도
해마다 이맘때면 날마다 카운트다운에 들어갔던 생강꽃 터
지기도 어찌 되었는지 모릅니다
꽃샘추위가 외려 반가운 건 왠일입니까

수탉이 암탉에게 알랑방귀를 뀌고
부룩데기 깜장염소가 암컷을 사흘째 쫓아 다녀도
저들의 일일 뿐
내일 먹을 계란도 꺼내 오지 않았습니다

어제 아쉽게 먹었던 쑥국 향기는 남아 있지 않고
오늘 저녁은 세 번이나 우린 사골 곰국을 그냥 두고
면리에 나가 돼지국밥이나 먹으려다
어디 둔지 모르는 자동차 키를 찾다가 포기하고
땅콩 한두 알이 겨우 박힌 쌀강정 몇 개에
싱거운 배 두 조각으로 때웠습니다
식후에 안마시면 죽는 줄 알았던 디카페인 커피도
걸렀습니다

TV 격투기 프로에서 검은 선수가 하얀 선수의 낯짝에
니킥을 집어넣어
케이지에 기댄 채 가루지기로 터져버린 콧등에서
뚝뚝 떨어지는 선혈이 아름답습니다
나가 보면 별이 총총할 건데
그냥 씻고 이불속으로 들어갑니다
이불 속에서도 핸드폰 메시지는 확인합니다

그녀는 아직 부재중인가 봅니다.

윤들 일기 · 169
섬은 당신입니다

아침에 눈을 뜨자마자
허우적대며 찾지만
실체가 보이는 건 섬 뿐입니다

비 개인 아침
햇살이 바수는 섬은 더러 당신입니다
후박나무 숲을 자세히 볼라치면
음영 깊숙이 당신의 실루엣이 어른거립니다
섬은 당신입니다

당신이 그리울 땐 대신 섬을 봅니다

섬은 보고 싶을 땐 언제나 보지만
당신은 간절히 보고 싶을 때만 봅니다

당신이 그리울 땐 대신 섬을 봅니다.

윤들 일기 · 170
꽃샘추위

매향에 샘이 났나
못 다한 사랑이여

앙칼진 된바람에
눈물짓는 순정이여

못 자를 미련이란다 뉘라서 알꺼나

영등할멈 시샘에
서러운 꽃잎이여

아무리 아린대도
세월에게 맡길 밖에

가야지 가야 한단다
몽니가
왠 말이냐.

윤들 일기 · 171
딸기

모두가 꽃샘추위에 움츠리는데
딸기는 외려 꽃을 피웠다
지난 12월 어느 날
길섶에서 밟혀가며 떨고 있는 것이 안스럽기도 하고
올해는 제대로 맛을 좀 봤으면 하는 생각에
밭 한 켠 손바닥만한 땅에다
깜장염소 똥으로 거름을 하고
여나믄 포기를 담요도 안 깔고 뉘이고는
솔잎을 긁어다 덮어주고
굵은 철사로 뼈다귀를 세워서
얇은 비닐 한 겹 씌우고
사방에 주먹만한 구멍을 뚫어
벌 나비나 바람도 드나들게 해 놓고
한파가 닥치면 막고
풀리면 열어 주었을 뿐인데
노지보다 달포나 일찍 핀 것이다

군불은커녕
담요도 이불도 없이
겨우 바람을 막아 준 것이 전부인데
딸기는 사랑까지 느꼈나보다

사랑 받아도 핀단다
사랑해도 핀단다
딸기가 익기를 기다리는 여인이여
사랑하라
사랑하면 핀단다

하이얀 딸기꽃이 이뻐 보이는 건 처음이다
노오란 꽃술이 사랑스러운 것도 처음이다
딸기가 익더라도 내 손으로는 차마 못 딸 것 같다.

윤들 일기 · 172
어둠을 위하여

어둠이다
무슨 일인지도 모른 채
잠을 겨를도 없이 보내버린
밝음에 대한 슬픈 노래가 들린다
눈은 떠 있어도 보이지 않고
곡조는 귀에 선데
선연히 나투어 줄 어떤
모습이라도 기다리는가
아직 배고픈 열이틀 달은 구름을 먹고 있는데
어리석음이여
수묵화 한 점이 어른거린다
알 수 없는 형체지만
느껴지는 온기에다 스미는 묵향
어둠이여
너를 보내고 싶지 않구나
나를 껴안듯 너를 보듬고 싶은
이 밤

열이틀 달이 초라한 이 밤
서글피 노래하노라
날마다 또 다른 밤을 기다리는
길손을 위하여
어둠을 위하여.

윤들 일기 · 173
가로등

나의 모진 그리움처럼
어둠이라야 살아나는구나
언제나 내려다만 보며
눈길 한 번 안 주는구나

서라는 빨간 불에도
가라는 초록 신호에도
건너편 깜빡이는 황색등에도
움쩍도 않는구나

누굴 기다리는가
구겨지고 얼룩져서 눅눅한 사랑 애기들을
빛자락으로 고이 달래고 싶은데
불안스레 서성이는 길손을 나무라는구나
어둠이 걷힐 때까지 기다리라 하는구나
날이 밝으면 손잡고 같이 가자하는구나.

윤들 일기 · 174

朝春(조춘)

그저 오는 게 아닌데
그저 품으려고 들다가
그냥 보낼지도 모른다는 두려움
바다마저 모른 체 할 테고

매화꽃이 영등바람에 아프게 흩날리는 날
움쩍도 않는 바다를 보았음이야.

윤들 일기 · 175
봄이란 칼날

다 녹이는 구나
다 자르는 구나
다 솟구치게 하는 구나

남의 칼만 휘두르지 말고
너의 칼을 보여 주겠니
사무치면 헛것이 보이 듯
헛생각이 바램이 되게 해주겠니

나를 힘들게 하는 모든 것들에 대한 결투를 위하여
승리와 베풀어야 할 온정을 위하여
지켜야 할 소중한 것들을 위하여

날이 잘 선 칼 하나

흩날리는 꽃잎 따윈 칼이 아니란다
어슬프게 짓는 슬픈 표정 또한 칼이 아니란다
포근하고 온유한 칼 한 자루만 줄 수 없겠니.

윤들 일기 · 176
알아야 한다

겨울이 가는 건
가는 것이 아니라
오는 봄을 위해 잠시 비껴 줬을 뿐이다

봄이 오는 건
오는 것이 아니라
겨울이 기꺼이 아량을 베풀었을 뿐이다

알아야 한다
너에게 봄은
겨울을 위해 잠시 머무를 뿐이라는 것을.

윤들 일기 · 177
사랑하려거든

사랑하려거든
사랑이 끝나 갈 때
온전히 보낼 수 있거든 하라

사랑하려거든
사랑이 다해 갈 때
다 삭힐 수 있거든 하라

사랑하려거든
사랑이 끝났을 때
가슴에 박히고 박은 가시 하나
뽑아내고 뽑아 줄 수 있거든 하라

당신을 사랑하는 이유는
살아 있기 때문이고

당신이 사랑하지 못 하는 이유는
제자리로 돌아갈 자신이 없기 때문

사랑하려거든
둘 사이에 가로 누운 질긴 이기심을
남김없이 자를 수 있거든 하라.

윤들 일기 · 178
내도 동백꽃

이별에 이골난 넌
동박새 서럽게 울어도
잘만 가는구나

뚝
    뚝
          뚝… 뚝!

아, 짓붉게 타오르는 다비식이여
꽃의 영광으로는 아쉽기라도 하더냐
얼마나 좋은 곳으로 가려 하느냐

주검이 더 진하고 아름다운 건
아쉬움도 함께 떨구었기 때문이다.

윤들 일기 · 179
어둠 · 2

쉽게 왔다고
편히 가는 건 아니더라
어리석게도 물러 날 때를 모르기에
제 발로는 못가고 때가 되어야 간단다
어떤 완력에 잠시 밀려나 있을 뿐
억지로 떠민다고 가질 않는단다
순리의 완장을 찬 밝음만을 두려워한단다.

너라는 어둠속에서
길을 두고도 헤매는 나는.

윤들 일기 · 180
일출

해야
민낯 한 번 보여다오
달처럼

너무 진하고 화려한 치장에
눈이 부셔 도무지 볼 수가 없구나

달처럼
마알간 네 얼굴을 한 번만 보여다오.

제**3**부
___

봄

윤들 일기 · 181
해와 달

너와 내가
오고
가는 길에

해와 달은

밝았다
말았다
제 맘대로 조명일 뿐
언제 맹물 한 잔 준적 있더냐.

윤들 일기 · 182
사랑은

사랑은
궁핍으로부터 온다
사랑은 어렵고
어려워서 아름답다
아름다움은 갈망에서 오는 것
내가 너를 알려고 하는 것이 사랑이고
그 속에서만 비로소 나를 볼 수 있다

사랑은
갖고자 하는 열망에
내 것으로 만들기 위한
멍청한 시간과의 지난한 싸움 끝에
자연스레 죽어 가는 것

사랑은
전쟁 같은 것
전리품은 고독
그리고 책임질 일들
책임질 일인데 책임질 이유가 없기에
아름답지도 훌륭하지도 않다

다만
더러는 신사적이고
더러는 비굴스런
나를 알게 한다는 것
광야에 덩그마니 남은 나를 보면서.

윤들 일기 · 183
내 님은

새벽에 내린 간지러운 봄비에
동백도
매화도
생강꽃마저
터졌는데
내 님은
어이 안 터지누

목련이 필 때까지 더 기다려야 하는가.

윤들 일기 · 184
일출 · 2

오늘은 당신이 보고 싶다
핏덩이 속 비감을 헤치고
솟구치는 불덩이 하나

너를 안고 싶다
송두리째 사위고 말지언정.

윤들 일기 · 185
나는 부자다

윤들에는
아침에 닭 모이를 줄 때면
기다리는 식구가 더 있다
이웃 감나무에 앉아 있다가
벼락같이 날아오는
참새 스무나믄 마리

2년 전 쯤인가
대여섯 마리가 닭 모이를 가로채기 시작했고
처음엔 얄밉기 그지없어 쫓기도 하고
닭들이 다 먹을 때까지 보초를 서기도 했는데
스무나믄 마리로 불어 난 것이다
요즘은 아예 참새들의 몫을 더 챙긴다
닭들도 그리 싫잖은 눈치인데
사람인 내가 부끄러운 마음속에
어느 새 우리는 한 식구가 된 것이다
엊그제는 삐쭉새 몇 마리가 넘보기도 했는데
잘하면 식구가 더 늘어날지도 모르겠다

나는 돈 안 되는 부자다.

윤들 일기 · 186
이별을 어려워 마라

이유를 달지 마라
가려거든

변명을 대지 마라
다시 오지 않으려거든

너를 두고
내가 못 가거든
나를 두고
네가 가면 되는 것을

이별을 어려워 마라

단지
처음으로 돌아가는 것이란다
처음으로 돌아 갈 수만 있다면
또 하나의 새로운 만남이 아니냐
너와 내가 절절히 바라던 바 아니냐.

윤들 일기 · 187
호박

꽉 쩌린 쑥뿌리 파헤치고
4월이면 심어야 할 호박 구덩이 하나 파 놓고
하나를 더 파다가
느닷없이 아랫도리가 풀려
풀석 주저앉고 말았다
곡괭이를 짚고 일어서다
파던 구덩이에 다시 자빠졌다
잠시 주검이 되었다 뜨인 눈에 보이는 건
티 없이 파란 하늘

파란 도화지 한 장
그려야 한다
그리고 싶다
몸서리치게 그리고 싶은데
안타까이 내 손엔
붓도 물감도 쥐어 있질 않다
다행이다

그려야 잡을 것도 같은데
그려서 아림이고 슬픔이라면
그리지 말자
등짝 아래다 거름 넣고
씨앗 꽂아 두면
호박이 덩이덩이 열리고 익어 갈게다

망연한 하늘에 잘 익은
호박이나 몇 덩이 굴려 보자.

윤들 일기 · 188
나무와 나

같은 하늘 아래인데
너는 서서도 잘도 잔다만
나는 왜 잠들지 못하는가

같이 울고
웃으며 사는데

아하
나는 무언가를 찾아 헤매다
광막한 사막 어느 사구쯤에 누웠고
너는 포근한 산자락에 욕심 없이 섰구나.

윤들 일기 · 189
윤돌섬

저 섬이 사라져야
떼 놓지 못할 고독도
모진 그리움도 끝이 날 텐데

외로우면 더 그리워진다는 걸
알고도 남을 놈인데
이골이 났을 놈인데
하얀 혓바닥을 날름대며
시치미를 떼는 모습 하고는

천 년 만 년 떠 있어 보거라
남풍 불어오거든 보자꾸나

오늘은
그냥 돌아서고 만다
돌아서고 말어.

윤들 일기 · 190
약

그립다고
그리운 만큼
그리워했다가
아팠던 일이 어디 한두 번이었던가
세상 일이라는 것이
바라는 만큼 되기가 어디 쉽던가

그립다고
그리운 만큼
그리워하지는 말자
조금은 남겨 두고 그리워하자
그리움으로 출렁대던 바다도 오늘은
기름 바른 듯 잔잔하다

그립다고
그리운 만큼
그리워하지는 말자
그리워하다 아파지면
남겨 둔 그리움을 약으로 바르자.

윤들 일기 · 191
수선화

노란 것은
절절한 그리움에 푸르다 못해
노랗게 멍든 것이고

샛노래지는 것은
그리움의 멍자욱이 나아가는 것이다.

윤들 일기 · 192
담배 너

마우나 고우나 늘 같이 해야 사랑 아닌가
한 사십년 정도는 해야 사랑 아닌가
헤어지기가 죽기만큼 힘들어야 사랑 아닌가

사십년이나 폐부 깊숙이까지 들어와
기슴을 다스리고
뇌 세포와 같이 놀며
머리를 움직이고
손끝, 발끝까지 유람을 다니며
오로지 나만을 사랑했던 너
이제 너를 감당 할 수가 없구나
적당한 때 가야 했었다
적당한 때 변해야 했었다
가지 않기에 서너 번 보내려 했었지
그때마다 애절히 매달리는 너를
외사랑의 설움을 생생히 알기에
매정히 대하지 못 하기를 수차례

아픔이 있고 나면 배신감만큼
아금바리 다가섰었지

더 자주 더 깊고 진하게 키스해댔었지
아 사랑이여
미워하기보다 사랑했던 시간이 더 많았던
내 사랑이여

이제는 너를 보내련다
첫 날은 설마 하던 너
둘째 날은 불안스레 대들던 너
바둑을 열세 판이나 내리 지게 만들고
셋째 날은 운전을 못 하게 하고
잠마저 아니 재우려 드는 너
나흘 째 몽니를 부리고 있구나

너를 버리리라 맘먹어서도
이 시간 다시 달려온다면 뿌리 칠 자신이 없다
누군가 너를 데려다 준다면
이 시간 그가 제일 이쁠 것 같다
다시는 헤어나지 못할
옹골진 사랑에 빠지고 말 것 같다

난 네가 가지 않을 것이라는 걸 안다
늘 주변을 맴돌며 날 보고 있으리라는 걸 안다
미안하다 내 사랑아
여태 한 번도 변하지 않았던 너 만한 사랑이 또 있을까
보내지 못하면 가야 하는 것
떠날 수도 없다면 외면하는 수밖에
사랑이 사랑을 죽일 수는 없지 않는가
내 사랑이여!

윤들 일기 · 193
섬처럼 바다처럼

바다는 섬을 버리지 못하고
섬은 바다를 떠나지 못 한다
설사 바다가 섬을 버린다 해도
갈 곳이 바다뿐이라는 걸 안다

내가 떠나지 못하는 것은
업신여김에 익숙지 못 한 그대를
홀로 둘 수 없기 때문이고
그대가 날 버리지 못하는 것은
갈 곳 없는 길손이기 때문이다

섬처럼
바다처럼.

윤들 일기 · 194
금연 · 2

바다로 간다
간다 간다
사랑하러 간다
내 사랑은 보내고 남의사랑 훔치러 간다

모래톱을 쓰다듬고
갯바위를 제 맘대로
Touch touch, no touch
Quick quick slow
Slow slow quick
자갈과 함께 뒹구는
Rolling rolling together
Pitching pitching together

파도와 사랑하러 간다
간다 간다
누가 볼까 살째기 간다
무슨 일이 일어날지 모른다
포말이 일고
해조음이 엇박자로 나거든
살포시 고개를 돌리거라.

윤들 일기 · 195
실기(失氣)

아직도 기다리는가

매화가 다 스러질 때까지
뭐 했누

생강꽃도 수선화도 터졌는데
뭐 하누

이 바보야
그래가지고서야
목련이 핀 들
뭐 하겠누.

윤들 일기 · 196
외로워지기

내 안에 자리한 못된 상념들을
입 싼 갈매기들이 보는 가운데
모조리 바다에 던진다

살아남기 위한 절규인가
이는 파도에 맡겨진 운명
다 가라앉으면 좋으련만
다 사라져 가면 좋으련만

헤엄을 잘 치는 놈도 있을게고
하늘로 날아오르는 놈도 있을 게고
허우적이다 운 좋게 파도에 휩쓸려
뭍으로 나오는 놈도 있을 텐데

다시 돌아오지 않았음 좋겠다
파도야 다 쓸어 가 주렴
헤어짐은 아픈 것
아파도 울지 말아야 할 텐데
슬프겠지

어찌 슬프지 않겠는가
슬퍼도 울지 말아야 할 텐데
살고 싶을 뿐
슬픔이 나의 기쁨은 아니지 않은가

포말을 남기고 끝나버린 아비규환
포말은 주검인가
주검은 평화
기쁨일 수 없는 평화는 누구를 위한 것인가
입 싼 갈매기들마저 얼씬거리지 않는다
더 외로워질 나의 콧노래 말고는.

윤들 일기 · 197
금연 · 3

애초 선택의 순간부터
이별이란 없던 것
40년이나 내 맘대로
혼자 사랑해 놓고선
밀었다 당겼다를 반복하다
무시하기도 일쑤
이제는 숫제
떼야 한다고
끊어야 한다고
그리는 안 되지
그러면 안 되고 말고

이미 정해진 운명 속에 치러야 할
배신의 댓가는
늘 곁에 두고 멀리해야 하는 고통
한 방에 살면서 따로 덮어야 하는 이불
아!
이별이 이별이 아니 되는 슬픔이여

열여덟에 시집오자마자 피운
70년 애연가 울어머니는 생전에
담배 끊는 놈하고는 말도 하지마라 하셨지
독하디 독한 놈이라고

열하루 째 금연 중에.

윤들 일기 · 198
바다가 밉다

이른 아침 윤들 바닷가 모래톱에는
모래알만큼이나 얘깃거리가 많아서
못 다한 사랑 이야기도 자주 떠밀려온다는데
입이 무겁기로 소문난 바다는
언제나 모르는 척 흐르기만 한다
받을 줄만 아는 욕심쟁이 갯바위도 한 패다
간밤에 내 얘기도 있었다고
달랑게가 다 일러 주는데 말이다
바다가 밉다.

윤들 일기 · 199
줄래 줄께

바다야
어제 갈바람에 토라진 작은 섬이
누굴 만났는지
무슨 생각을 하고 있는지
말해 줄래

그러면
내 친구 구름한테 물어서
하늘이 너 몰래 누구랑 뽀뽀 했는지
말 해 줄게

너에게만 말하는데
간밤에 한숨도 못 잤단다
섬 없으면 하루도 못살거든.

윤들 일기 · 200
머위 쌈

봄을 타는지 입맛이 까칠한데
궁리 끝에 깡된장 자작하게 끓여
머위쌈을 싸 본다
쌉쓰레하다 못해 저으기 쓴데
단맛에 길들여진 미뢰가 아우성을 치지만
달면 맛있다는 말이
쓴맛에 먹는다는 말에 머쓱해져
한 발 물러난다
하기사
달디 달 줄만 알았던
사랑이라고 늘 감미롭던가
밥 한 그릇을 다 비우고 말았다.

윤들 일기 · 201
봄비 · 1

그대 기다린 봄비는
오는 게 아니라
가는 것

내가 기다린 봄비는
내리는 게 아니라
스미는 것

하얀 대지 위를
총총이
시나브로.

윤들 일기 · 202
수선화 · 2

귀는 늘 열려 있는데
입은 다물었다 벌렸다 할 수 있게 한 것은
하늘이
듣는 건 다 듣되
말할 땐 골라서 하란 뜻 같은데
이치를 다 깨우칠 날이 언제일까
수선화는 피었는데
누가 꽃말을 기억하라 했는가
영혼에 주름이 자글자글 해지기전까지는
알아차려야 할 터인데

가란다고 갈 일도
오란다고 올 일도 아닌
망나니 시간을
나를
온전히 살릴 수만 있다면
굽이 반이나 닳아버린 구두라도 데리고 갈 터인데

존재의 이유야 필요에 따라 만들겠지만
소름 끼치는 두려움은
비는 간밤에 지나갔는데
수선화 꽃잎에 남은 도도한 빗소리다.

윤들 일기 · 203
수선화 · 3

오늘 낮에 빤히 내려다보던 햇님이
한마디 하기를
수선화를 보란다
담장아래 꼿꼿이 핀 수선화를 보란다

여태까지 어찌 살았건
이제부터는
여러 사람 앞에서 자랑스럽기보다
나한테 부끄럽지 않아야겠다.

윤들 일기 · 204
봄 잔치

바다만 보며 조아리던 망월산이
덜썩거린다
바람난 여인이 춤을 춘단다
애바위 아래 얼레지가 피었단다

하늘만 보며 납죽 엎드린 북병산이
쭈뼛 쭈뼛 고개를 든다
달뜬 바위에 불놀이야
진달래가 피었단다

너만 바라보며 사는 나
오늘만큼은
두 눈을 부릅뜨고 귀도 쫑긋 세워보지만
함께 취할 수밖에
성가시다고 어찌 피한단 말인가.

* 망월산·북명산: 거제시 일운면 망치리에 있는 산.

윤들 일기 · 205
데자뷰

화면 속에 너의 주먹만한
빨갛고 노랗고 하얀 공 세 개가
구르다 부딪혔다 떨어지기를
한 나절
초록색 카펫에서
쓰리쿠션
깜찍한 파열음은 쏠쏠한 선물일 뿐

쓰러져가는 통나무집 덩그러니
푸른 초원에서
나와 루 살로메
혼미하게 엉기다
아찔하게 내달리다
한 달을
너와 나
얼렸다 떨어지기를 부지기수
늘 사랑스럽게 흐르는 건 바다 일뿐.

윤들 일기 · 206
안개

해무가 끼일거란 아침 뉴스를 듣고
바라보는 바다에
늘 있던 섬 하나도 안보이고
우유빛 부유물만이 흥건하다
밤새 춘정으로 꿈틀대더니
한바탕 정사라도 벌였나보다
바람이 없는 날
바닷물보다 기온이 높은 봄날에
흔히 생기는 자연현상일 뿐
남새밭이나 들여다보며 사는 삶이
알아서 뭘 하겠냐만
해무 속에서 무슨 일이 일어나는지
알 수 없어 답답하기도 한데
호박 구덩이 하나 더 파고 말지
모르는 편이 나을 것 같다
곧 들어날 터인데
햇살이 돌면 다 걷히고 말 터인데.

윤들 일기 · 207
신 오감도(新 鳥瞰圖) · 1

한 여인이 질주하오
한 남자는 눈을 감고 있소
여인은 다다를 곳을 모르는 듯 하오
한 남자는 알 것도 같소
말을 타려다 코트가 안장에 잠깐 끼인 거 말고는
별 문제가 없는 듯 하오
베이지색 후렌치코트는 좁은 곳에서
답답함을 감수하고
바람에 나부낄 뻔했지만 거부했소
엉덩이에 매달린 미니스커트가 불쌍하오
한쪽 어깨가 살폰 내려앉은 만큼
五感은 젖을 뻔 했소
더러는 젖었다고 이야기 되오
둘이 하나 되기는 쉬운데
하나가 둘 되기는 어려워
뒷길에서 머뭇대다가 하필이면
산그늘에게 들켰지 뭐요
산이 부르는 대도 돌아보지 않고 질주하오
둘은 서로 모르는 척 하는데
아는 사이 같소

한 여인이 질주하오
패딩은 따습지만 숨겨지지는 않아 혼자만 알려하오
화소 높은 그림이 내 걸려도
그리 꽉 끼지 않는 청바지는 모르는 일이요
어디로 가는지 아는 듯 싶은데
한 남자는 모른다고 도래질이요
어디로인지도 모르고 내닫고 있소
앞문으로 들어갔지만 뒷문으로도 나온다오
오늘은 오락가락하는 날씨라 산그늘은
언제 왔다 갔는지 모르오
어리석게도 젖과 꿀을 뿌리며
또 다른 한 남자가 보고 있는 듯 하오.

윤들 일기 · 208

신 오감도(新 鳥瞰圖) · 2

한 여인이 질주하오
붉은 보도블럭을 찍는 발자욱 소리가 요란하오
높지 않은 힐인데 한쪽이 굽은 듯 하오
한 남자는 졸아야 하는데
어제 도랑을 치다 나온 가재를
몇 번이나 망설이다 놓아준 생각을 하는 듯 하오
여인은 여전히 질주하오
발자욱 소리는 잦아들었지만
한길이라 소란스럽소
여인이 어떤 건물로 들어 가려하오
한 겹의 문인 걸 보니 상점 같기도 하고 아닌 듯도 하오
문을 당길지 밀지 망설임 없이
훅 밀고 들어가는 모습이 이미 익숙한 듯 하오
한 남자가 조는 통에 내가 지켜야 하오
대단한 행운이요
여인이 앞문으로 들어갔는데 뒷문으로 나올 것 같아
걱정이요
옆문이 있는지도 봐 둬야겠소
한 남자가 졸아만 준다면
한 사흘
아니 서너 달이라도 서 있으려오.

윤들 일기 · 209
신 오감도(新 鳥瞰圖) · 3

한 여인이 질주하오
호랑이 장가라도 가는 듯
해는 났는데도 빗방울이 화살처럼 떨어지오
화살은 시위에서 출발한 건 아닌 것 같고
누가 던진 것 같소
두텁지 못한 모자 하나도 뚫지 못하니
화살이 화살이 아니오
길지 않은 치마 속에 속옷이 무슨 색인지 몰라
답답해하는 한 남자는 가늘어 빠진 장단지 만큼
어리석어 보이지는 않소
얼굴 없는 누드가 차창에 제대로 꽂히지 못하고
떨어지는 걸 대수롭잖게 보는 한 남자는
진짜 어리석어 보이지 않소
얼굴 나오는 올 누드를 다시 찍을 때쯤
땡초를 먹고 내갈기는 똥구녕은 참을 만치 쓰릴거요
한 남지여
낯선 타일과 창에 한 번 더 비치는 엉덩이가
서러워질 때쯤
정성스레 귓볼을 만지작거리시오

한 여인이 질주하오
열린 문으로 들어갔는지
닫힌 문을 열고 들어갔는지 알 수 없지만
지금은 열려 있소
이럴 땐 옆문이 수상하오
한 남자가 문을 닫고 있소
내 마음도 닫으라 강요 하오
바보 같이 내게는 아예 문짝이 없다는 걸 모르는 것 같소
한 남자는 이제 보니 어리석기 짝이 없소
오늘은 화소가 낮은 파스텔톤 그림이 내 걸리오
나만 보고 있는 듯하오.

윤들 일기 · 210
쓸쓸함에 대하여

입맛이 없어 때를 거르고
詩도 잘 나오질 않고
봄볕이 살갑지 못해
심술이 나는 날인데
따스한 바람에 꽃만 잘 핀다
유승민은 찾아가 뵐 어머니라도 있지만
쓸쓸함이다
모진 쓸쓸함이다
이 쓸쓸함에 대하여
심각해 본 적 있는가 그대는
어찌 할텐가
무얼 해야 하는가
이렇게 외로울 땐 무얼 할 수 있는가
알 수 없는 것은
詩가 잘 될 때도 별반 다르지 않았다
내가 알고 있는 것은
그대를 위한다는 것이 전부 진실이라고
진실이면 전부 그대를 위하는 것이라 믿고
사는 시간은 행복이란 것

이제는 알 것도 같다
진실해야 할 이유가 없다면
쓸쓸함만으로도 詩가 될 수 있음을
평온의 눈초리는 쓸쓸함에 익숙하다는 걸.

* 유승민: 국회의원

윤들 일기 · 211
내도에서

내도에서
외도를 바라보며
너를 생각한다

떠나 온 곳이 섬인데
눈 앞에 놓인 또 다른 섬 하나

섬에서 보는 뭍이
너 같고

뭍에서 보는 섬은
나 같을지라도

섬에서 보는 다른 섬은
너도
나도
아닌 것을

언제나 그 자리
버리면 섬이 되나
떠나가면 섬이 되나
모든 것 잊히기 전
너도
나도
섬이 되고 말려나.

윤들 일기 · 212
개화

맺힌 응어리가
더는 참을 수 없어
터지는 절규 같은 거
그리움이란 거
웃고 있지만 울고 있는
피어나는 꽃들이 다 상처라는 걸
목련이 피면 올 줄 알았다
오지 않는 님을
기다려 본 사람은 안다

4월이면 천지가 피바다가 되는 것은
기다림에 지친 꽃들이
참다못해 터지는 거다
꽃의 독설은 끝내
감미로운 멜로디가 되지 못한 채
3월의 끝자락에 한 길을 나선다
지금 꽃을 안고도 꽃이 싫어짐이다
기다려 본 사람은 안다.

윤들 일기 · 213
목련

그리움으로
기다림으로
지쳐버리면
피멍이 드는데

지쳐버림 마저
잊힐 때쯤이면
피멍도 바래고
왜 그리워했는지는 조차
기억에 있고 없고

얼굴 하나도
잊힐 때쯤이면
그냥 하얘지려나
뽀얗게 피고 말려나.

윤들 일기 · 214
얼레지꽃

한껏 뒈바라졌다고
손가락질 하지마라

7년을 나무 아래 칙칙한 땅속에서
음울히 기다린 사연을 모르거든
함부로 말하지 마라

얼레지라고 어찌 순정이 없을까만
시한은 겨우 사나흘
암팡진 정열 앞에 무슨
겸양을 바라느냐

부끄러워 할 겨를도 없노라
님을 그렸노라
오로지
너를 찾았노라
너만을 기다렸노라.

윤들 일기 · 215
사랑의 기쁨과 슬픔

해거름 해변을 거닐다 문득
사랑의 진실에 대해
바다 속만큼이나 나를
한번이라도 제대로
들여다보고 싶은 마음이
파도처럼 이는데
여직
그대 안에서만
그대를 통해서만
볼 수 있으니 어찌하면 좋은가
그것도 열렸을 때만

사나이는 아무리 궁해도
가지 말아야 할 길과
하지 말아야 할 일이 있는 법인데
언제 열릴지 모르는
얄망궂은 그대로 하여
곱지 못 한 상념들이 석양에
불덩이로 도드라져 몸부림치네

노을에다 태우며 태우며
무작정 길을 가는데
얼마를 왔는지
얼마를 더 가야 하는지 모르는 것이
그대를 사랑하는 기쁨이고
알아야 할 이유가 없음이 슬픔이라면
더 가는 수밖에
가다 저물면 멈추고 말겠지만
지금 가고 있다는 것이 소중할 따름.

윤들 일기 · 216
4월

4월이다
3월은 아쉬움으로
처진 엉뎅이를 쉽사리
떼지 못하고
간밤 몹시도 뒤척였다

3월이 가고 4월
너는 때가 되어 가벼이 왔으리라
밀어 내거나
잡을 일 또한 무에가 있겠냐만
그냥 보낼 수는 없는 일
어여삐 놀다가
가슴에 푸르럼이 사랑스레 깔리거든
안녕이라고
감미로운 고통을 던지며
살가이 가다오
다시는 3월처럼 뒤돌아보지 않게.

윤들 일기 · 217
모르겠다

나만이
늘 우러러 보는 줄 알았는데
달도 나를 올려다 볼 때가 있더라
다정스레 떠오르고
곰살맞게 질 때에는

새삼스런 일은 아니지만
모른 척 눈감아 줄 때도 있다는 걸
아는지 모르겠다
아닌 척 하지만
간간이 니가 더
날 보고 싶어 할 때에는.

윤들 일기 · 218
빗속의 그림

밤 새워 내리는 빗속에다
새벽부터 그린 그림에는
너의 얼굴 선연한데
하늘이 붉어
땅은 노랗고
바다는 하얘서
숲은 더더욱 검어졌구나

빗물에 물감이 번지 듯
사랑한 너
사랑은 예술보다 위대한 창조의 연속
인과응보(因果應報)에 묻혀드는구나

안타까이도
빗물에 흐려져 가는 네 모습처럼
너를 잃는 건
내 작은 삶의 전부를 잃는 것
더 잃을 것이 없어 두려움마저 사라지면
사라진 두려움이 두려워질 때

빗물에 물감이 흘러 내리 듯
되 그릴 수 없는 초라함에 대해
목 놓아 엉엉 울어 제칠 때
같이 울지 못할 너는 얼마나 섬뜩하겠는가
빗속에서 다시는 그림을 그리지 않으리라
더군다나 너의 모습만은.

윤들 일기·219
너를 떠날 때

꽃눈이 날리는 길을
너와 말없이 달리며
이별로 치닫는 환희의 시간을
부여잡았다 놓아주기를 되풀이 한다

어느 날엔가
헤어져야 한다면
보내지 않고 떠나가리라
그 때
사과 할 일이 있다

사랑함에 있어
내가 더 좋아한다 우긴 일
그러면서도
목숨 걸지 않은 일에 대하여

어느 날엔가
떠나야 한다면
돌아보지 않고 곧장 가리라
그 때
마지막으로 할 말이 있다

미안하다
찌들고 다 타버려서
이젠 남은 가슴이 없다

내 가슴 좀 돌려주겠니 라고.

윤들 일기 · 220
꿈

그대
들리나요
텅빈 소란이
보이나요
감미로운 혼돈이
느끼나요
꽉 찬 고요속의 속삭임을

사랑해요

아, 알 수 없음이야
기억 될 리 만무야
달을 가리는 구름을 보았음이야
구름 속에서 삐죽이 내미는 달을 보았음이야
달빛을 가슴에 담느라 울었을 뿐이야
끝내 가위 눌리고 말았음이야.

윤들 일기 · 221
봄비 · 2

비
오면 좋지
반겨야지
이내 갈지라도
봄비라면 더 좋지

데리고 왔으니
데리고 가겠지
봄비처럼

그대 향기 배인 꽃비라면
한 사흘 맞아도 좋겠네.

윤들 일기 · 222
봄비 · 3

때리는 비에 뿌려진
꽃의 주검들은
유언도 유서도 남기지 않았고
날더러
대신 써 달래지도 않았다

기뻐워서 더 아름다운가

다만
원없이 사랑하다 가노라고
봄비가 전해 줬다.

윤들 일기 · 223
강낭콩처럼 감자처럼

텃밭에다
나 먹을 만치
강낭콩이며
감자를 심었다

두어 달 후면
강낭콩도 여물이 차고
감자도 덩이가 굵어 질 터인데
당신은
어디에 있는가

멀리 있는 건 두렵지 않은데
알 수 없으니 힘겹다
강낭콩처럼
감자처럼
두어 달 지나 맛볼 사랑이면 좋으련만

아니
한 백년 후일지라도 영글 그리움이면 좋으련만.

윤들 일기 · 224
꼬옥 안아 줄 일

나에게 그대는
귀하디귀한 도자기 같아서
내 손을 떠나면
놓아버리기라도 하면
쉬이 깨져버릴 것만 같은데
어찌 무심히 두겠는가

저물어가는 바다에 산그늘 늘어지듯
놓아야 할 시한은
좀비처럼 다가오는데
애틋하던 마음이 지겨워지고
시답잖아지더라도 우리의 약속을
대수로이 여길 그대가 아니라면
처음에 왔던 길이 돌아 갈 때
그 길이 아닐 거라는 것쯤은
알고도 남을 텐데

그리움도 한결같지 않아
니밀락 내밀락 불어오는 바람결에
내동댕이쳐지고
주체 못할 파열음에 망가진 영혼이
더한 슬픔으로 흐느낄 때면
어찌 하겠는가 그대는

바람이 지나갈 때까지 꼬옥 안아 줄 일이다.

윤들 일기 · 225
해방(解放)

너를
눈에 담고
가슴에 담아
느껴오던
향기와 온기가
다 날아가고
식어버리기 전에
바람이 풀을 놓아 주듯
풀어주어야 한다
놓아주어야 한다
가다가
낮달에게 들켜도 좋을 사랑을 위하여

떠나지 않으리라 했던 다짐이
족쇄가 되고
서로 다가갈 수 없는
벽이 될 줄이야

놓아주자
너와 나를 위하여
날으다
구름에게 맞아 죽어도 좋을 사랑을 위하여.

윤들 일기 · 226
잔디밭

감미로운 사유(思惟)의 나래를
대책 없는 그리움이 덮쳐버려
가다듬을 수 없이 혼란스러울 때
뭘 해야 할지
어찌해야 할지
지금이 언제인지
어디에 있는지 흐릿하거나
더러는 별 이유 없이도 잔디밭으로 간다

12살 박이 내가 만든 작은 잔디밭
키도 덩치도 그대로인
아직 새순보다는 군데군데 잡초가 더 푸른 잔디밭
이런 저런 하소연도 하고
도무지 풀리지 않을 일에 억지도 부려보고
어제 야속하다 여긴 일들은 고자질도 해 본다

대답해 줄 리 만무하지만
작은 어깨들이 들썩이는 모습이 큰 위안이다

가끔은 맨발로 뜀박질도 하고 구르기도 하는데
마악 피기 시작한 모과꽃이 샐쭉거려도
밟혀야 고르고 이쁘게 피어나는 잔디는
자꾸만 더 하라고 채근이다

오늘같이 그대 모습이 또렷이 떠오를 때는
좀 더 오래 머문다.

윤들 일기 · 227
호박을 심으며

세상에 존재하는 작물 중에
한 평에 한 섬 나오는 것은
호박밖에 없다는데
일찍이 구덩이를 파고
거름을 넣어 두었다가
살갑게 다독여 심고는
생명수까지 흠씬 주고선
큰 욕심 없이
한 포기에 두어 개만 달리기를 바래본다

제일 먼저 달린 오살이는
서리가 내려 넝쿨이 마를 때까지 두었다가
호박죽을 끓이고
그다음 맺은 것은 애호박 때
달전을 부치면
어머니가 오실게고
나물을 볶으면
아버지가 웃으실게다

여나믄 포기는 심었으니
이래저래 나눌 수도 있겠지

지난 겨울에 구덩이를 파 두었고
봄을 맞아 심었으니
여름이면 영글테고
가을에는 황금으로 굴러들 오겠지

호박 땜에 또 한해가 가게 생겼다
윤들은
호박 하나로 한해를 보내고도 남는 나라다.

윤들 일기 · 228
벚꽃 엔딩

아무렴
나 같을까

깔깔대며 피어서는
흐드러지게 웃고
까지껏 사랑하다
어울렁 더울렁

샘쟁이 비를 맞고
앞서거니
꽃비 되어 활강

떼쟁이 바람에
뒤서거니
꽃눈으로 날리었거늘

아쉬울 게 있을까
서러울 게 있을까.

윤들 일기 · 229
기도

원하는 대로 가질 수 없음을
참으로 다행이라 여기게 해 주소서

아까워도 버릴 수 있다는 것을
행복이라 여기게 해 주소서

슬픔과 기쁨의 원천이 한 곳에 있음을
그대로 하여 알게 된 것에 깊이
감사하게 해 주소서

사랑이란
사랑하는 것이란
거진 기억되어야 하기에
버릴 게 그다지 없나이다
내게 허락된 생이 오늘까지라 해도
켜켜이 쌓인 기억 속에서
크게 아쉬워하지 않게 해 주소서

그리고
그대로 하여 한가한 날이면
다시 기도하지 않게 해 주소서.

윤들 일기 · 230
성산포 바다

쉽잖은 일인 줄 번연히 알지만
잠시라도 그대를
잊을만하거든 한 번 잊어 보자고
적당히 멀어져 보자고
섬에서 섬으로 왔는데

듣자하니 성산포 바다가
외로울 때 마시는 술맛을
제일 잘 알고
제대로 취한다고
소문이 자자해
알 만한 사람은 다 안다기에
맞장이나 한 번 떠볼까 하고
해도 빠지기 전에 달려와
문주란은 아직 일러 늦동백 꺾어놓고
첫 잔을 건네는데 시큰둥이다

왠일일까 저으기 멋쩍어 하는데
일출봉이 고개를 내밀어 이르기를
이번엔 아쉬워도 그냥 가고 다시 오라네

요즘 성산포 바다가 제정신이 아니란다
누군가를 기다리다 삐진 차에
우도랑 눈이 맞아 연애질 한다고
다른 일에는 관심이 없단다

홧김에 서방질 한다고
이웃한 청보리들이랑 한 잔 하려는데
갓 팬 이삭이 먼저 알고 갯바람에 일렁이네.

윤들 일기 · 231
우도에서 · 1

성산포 바다가 나의 술잔도 마다하고
우도와 사랑에 빠진 이유를 알고파
한달음에 건너 뛴 우도

척 봐도 반할만 하더라
성산포 바다가 날 외면하고
우도와 사랑에 빠진 이유를 단박에 알만 하더라

우도는 가만있는데
우도는 의연히 소가 되어 누웠는데
어제 오늘, 한두 해 사랑한 게 아닌 것이
얼마나 하염없이 비비고 문질렀으면
세상에 없는 기기묘묘한 사랑의 흔적이
온 몸에 남았을까

우도는 가만있는데
우도는 의연히 소가 되어 누웠는데
성산포 바다는 쉼 없이 하얀 혓바닥을 날름대더라
너는 가만있을 뿐인데
잠깐이나마 볼멘 질투가 이리도 부끄러울까

성산포 바다야
우도야
너희만의 예쁜 사랑 억만 년을 이어가렴.

.

윤들 일기 · 232
우도에서 · 2

가까이 있다고
가까워지는 것도 아니요
멀리 있다고
멀어지는 것 또한 아닐진대

저승에서 벌어
이승에서 쓴다는
해녀들의 숨비 소리
바람에 죄 날아가기 전
간신히 동박새 한 쌍이 삼켜버린 우도

너를 두고 호올로
거제에서 제주로
제주에서 또 다시 건너 간 우도에서
너에게로
보내야 하는 한밤의 편지는 무엇으로 채워야 할까
별도 보이지 않고 달은 잠시 숨은 듯
시간은 떠가다 섬같이 멈춰 섰는데
어둠만이 숨가쁘게 네게로 달려가는데

어쩐다
잠시도 떨어지지 못하는 동박새 한 쌍이
써 놓은 일기나 몰래 베껴야겠다
베껴서 내가 쓴 것처럼 보내야겠다
호올로 있을 너에게로.

윤들 일기 · 233
윤들표 두부조림

한 사흘 여행에서 돌아오니
입맛도 없고 부엌마저 낯설다
떨거덕거리며 하기 싫은 설거지를 해놓고
이 궁리 저 궁리를 해보지만
사 먹어 볼래도 먹고 싶은 건 님처럼 멀리에 있다
선지국이 먹고 싶긴 한데
혼자서 밥 한 끼 먹으려고 차를 몰고
삼사십 분을 갈 수는 없지 않는가
할 수 없이 두부조림이나 해서
저녁을 먹기로 마음을 먹는다

두부를 도톰이 썰어서 물기를 빼고
연하게 소금간을 해서는
우선 팬에 기름을 두르고
고르게 노릿노릿 구워 낸 다음
냄비에 두릅과 머위 줄기를 나붓이 깔고
그 위에 구운두부를 단정히 펴고
어석어석 썬 양파와 표고버섯 그리고 멸치를 섞어서
한 치 놓고

간장에 물엿과 고춧가루 마늘 파 등을
넣어 만든 양념장을 고루 끼얹고는
한소끔 졸여내면 윤들표 두부조림이 된다
여느 두부조림과 다를 게 없지만
양화갓이 날 때는 양화갓을
산나물이 날 때는 산나물이 들어간다
혼자서 먹는 재미가 어떨까마는
바닷물로 간수를 질러 만든 천상의 우리 어머니표 두부
그 두부조림은 다시없지만
이 시기에 머위와 두릅과 함께하는
윤들표 두부조림을 할 때면
언제나 어머님이 빙그레 웃으며 내려다보신다.

윤들 일기 · 234
밤비

한밤에 잔인하게 쏟아지는 비가
고독으로 오염된 나의 살점을
발기발기 찢어서
소로시 뼈만 남기고
심장은 처마 밑 외등으로
발딱거리는데
덩그마니 나앉은 영혼마저
빗속으로 내몰리네

아,
어제 절정이던 목단은
안녕한가
나처럼 저항하지 못하고
무너지고 말았을까

아,
어제 몸서리치게 어여쁜 나의 여인은
씻기고 후벼 파인 말간 몸뚱아리로
어디로 가는 길목에서 비를 맞고 섰을까

사랑아
나의 사랑아
밤비가 그리는 애처러운 추상화는 접어두고
가자
가자
이 비랑
아침 안개가 걷히기 전에
손잡고 가자
다 앗기었기에 얻은 자유로
지우지 못할 저편 기억의 나라로
우리만의 상그릴라로.

윤들 일기 · 235
너 때문에

너 때문에 설레다가
너 때문에 무너져서
너 때문에 외로워지고
너 때문에 허물어져 가는데
너 때문에 두려워지기까지 하네

이러다간
너 때문에 살다가
너 때문에 고독해져서
너 때문에 죽을 거라 억지라도 부릴 참이다.

윤들 일기 · 236
모란은 가고

간밤에 모란꽃을 짓뭉개고
마지막 봄을 데려 간 문둥갈바람이
어디로 갔는지
그대는 아시나요

일 년을 기다렸는데
십 년인 양 가슴 졸였는데
오자마자 데려 가다니
용서 할 수 없어요

제발 알려 주세요
잡히기만 하면 그냥 안 둡랍니다
흠씬 두들겨 패주고는 같이 가렵니다
모란은 가고 나만 남아서 어쩐답니까.

윤들 일기 · 237
고로쇠나무

그대 손 같은 이파리를 갈바람이
말없이 흔들어대는
고로쇠나무 아래서 생각에 잠깁니다

그대가 죽을만치 그리워지면
이 나무를 보기로 했습니다
아무리 그리워도
움쩍 않고 기다리는 나무를 보기로 했습니다
그래도 꽃을 피우고
열매를 맺는
나무를 보기로 했습니다

오지도 않기에 갈 수도 없지만
조금 힘들어지면 다섯 손가락 잎을 흔들고
더 힘들어지면 팔 같은 가지나 흔들고
죽을 일이 생겨도 몸통까지는 움직일 일이 없는
나무를 보기로 했습니다

그대가 죽을만치 그리워지면
이 나무를 보기로 했습니다
몸서리치도록 보고파도
움쩍 않고 기다리는 나무를 보기로 했습니다
그래도 꽃을 피우고
열매를 맺는
나무를 보기로 했습니다.

윤들 일기 · 238
청보리 밭에서

대체로 식물은
잎과 꽃의 색깔이
확연히 다를 때가 많은데
보리는 이상하다
푸르게 나서
푸르게 자라
푸르게 피운다
줄기도 잎도 피어나는 꽃도 한색이다

살아오면서 나는 이런 저런 이유로
색깔을 몇 번이나 바꾸었을까
노란꽃도 피우고
빨간꽃도 피우고
연보라 리라꽃을 피우고는
얼마나 행복해 했던가

푸름만으로
유혹하지 않아도
진솔함에 외려 유혹돼버린 나

내다 걸고픈 과거도
다시 쓰고픈 일기도
모두 던져 버리고 그대랑
청보리밭 이랑 사이를 걷고 싶다
벌러덩 누워도 보고 싶다
그대를 기다리는 박제된 허수아비로 서 있고 싶다

사랑은 끝내 오지 않더라도
때가 되면 함께 누렇게 바래고도 싶다
하나의 색깔로도 잘 살다 가는 너를 알고 싶다.

윤들 일기 · 239

생선회

아무소리도 안나게
파닥이지도 못하게
잘 죽여서
깔끔하게 선혈을 뽑고
그대 잔진 마음마저 자르고 남을
시퍼런 칼로
물수제비뜨듯 뼈만 남기고

편으로 토막으로
만개한 꽃처럼
뉘고 세우고
의식을 치르듯
향유를 바르고
입맛대로 소스에 찍어
동정심이라고는 잘근잘근 씹는 것
오물오물 어적어적 씹어 삼키는 것

삶과 주검이 교차되는 작은 공간
뒤섞이는 화려한 잔치
우리는 모두가 망나니
너를 죽여 나를 살린단다
뿜어낸 술 한 잔에 다 쓰러져도
주검이 주는 행복이란다
우리는 살아있어 행복이란다
접시 위에서 비로소 얻는 자유
너에게 바다는 구속이었는지 모른다

오늘은 접시에 나를 뉘어 보고 싶다
그대가 보고 있다면 더 당당하고 의연하게.

윤들 일기 · 240
부탁

온갖 것들을 다 어루만지느라
분주한 어둠에게 부탁하노니
제발
섬 하나는 건들지 마라

너에겐 많은 것 중에 하나일 뿐이지만
나에겐 모두를 버리고도 갖고픈 하나란다
간밤에는 함께 밤도 새웠단다
우리는 하얗게 하얗게 밤을 새운
보통사이가 아니란다

사람들은 나더러
하나를 버리면 다 얻을거라 충고 하지만
나는
다 버리더라도 섬 하나는 못 놓겠다

어둠이여
부탁 하노니
제발
섬 하나는 건들지 마라.

윤들 일기 · 241
꽃

꽃은
어쩌다 그렇게 보일 뿐
애초에 다소곳하지는 않았다
마음같이 머무를 수 없으니
초조함속에 겸손은 사치일 뿐
기실은 도도하고 당당해야 하는 것

누가 꽃을 선하다 했는가
때론 예정에 없이 가야 하기에
드러나지 않게 독해지기도 하는가
게다가
너를 보는 것만으로도 모두가 행복해진다면
전해 오는 향그러움에 환호할 수 있다면
당돌할만치 용감하기도 해야 하는 것
그래서 끝내 아름답게 기억되어야 하는 것

꽃처럼 그대는.

윤들 일기 · 242
숲 · 3

푸르러 가는 숲을 보면 숨이 막힌다
저속에서 무슨 일들이 일어나고 있을까

그대로 하여 편견에 빠진 채
제어되지 않는 나의 뉴우런은
어느 나무
어느 가지
어느 새순아리 끝
이파리에 닿아 있는지 알 수도 없고
반응하지도 기억하지도 않으려 드는데
어찌 답답하지 않겠는가

저 숲에서 적당히 꼽사리로 산들
세월이 가도 삭을 일 없는 멍울들이나
만지작거리는 것 보다 못할리야 있겠냐만
새초롬해진 말초(末梢)는 새로 쓰여질 히스토리에 관심이 없
어 보인다
어찌 답답하지 않겠는가

봄을 보내고 여름을 맞아야하는
고독한 길손의 넋두리가 너 앞에서만은
실없는 혼잣말이 되고 마는구나
지나는 바람 한자락 마시고 날숨을 고른다
숲이여, 너는 좋겠다
누구를 기다리거나 그리워 할 일도 없이
가만있어도 되는 너는 좋겠다
앞태도 뒷태도 챙겨야 하는 길손에다 비길까.

윤들 일기 · 243
나의 목표

올봄 나의 목표는
힘세고 살찐 돼지가 되는 것

초봄부터
엄동을 뚫고 처음 돋아난
사위도 안준다는 부추도 실컷 먹었고
용솟음치듯 터져버린 두릅은 아직도
한 달째나 먹고 있는데
어린 머위는 쑥처럼 캐서 무쳐 먹다가
조금 자란 이파리는 쌈으로
이제는 줄기를 볶아도 먹고
들깨를 풀어 머위탕을 끓여 먹는다
오가피며 다래 순이며 엄나무 순아리도
먹다 지쳐 묵나물로도 만들어 두었다
대체로 몸에 좋다는 것은 쓴맛이 많지만
단맛인양 다 먹어 두는데
양기며 힘은 얼마나 오르고
살은 얼마나 붙었을까

복숭아를 훔쳐 먹지도 않았고
삼천갑자 동방삭(三千甲子 東方朔)이 되고 싶은 마음도
아니지만
살찌고 힘센 돼지가 되면
내 작은 몸뚱아리 안에 자리한 번잡한 상념들을
몰아낼 수 있을까 해서다

올봄 나의 목표는
살찌고 힘센 돼지가 되는 것.

윤들 일기 · 244
그대는 시(詩)

아침은 끓여서 먹고
점심은 데워서 때우고
닭 모이도 주고
달걀도 꺼내 왔는데
왠지
詩는 잘 안 되는 날이네

그리 쉬운 날이 있었을까마는
빈 항아리 같은 가슴속을
바다랑 섬이랑
하늘이랑 산이랑
오늘 피기 시작한 오동나무 꽃까지
지맘대로 들락거리다
그대만 남겨 놓고 가버렸는데

별거더냐
나에게는 그대가 그냥 詩 같으네
그래도 미심쩍어
지나는 바람에게 다시 물어도
그대가 詩 맞다 하네.

윤들 일기 · 245
동박새

동박새 한 쌍이 키위나무에 날아 앉았다
키위꽃은 벌룸벌룸 벙글고 있을 뿐
겨우 필 기미만 보이는데
포롱 포롱 요리 저리 나르며
유심히 살피는 모습이 진지해 보인다

동백꽃만 먹고 사는 줄 알았는데
동백꽃이 모조리 가버린 자리
동박새는 새로운 먹잇감을 찾나보다
비즈발처럼 늘어진 가래나무 꽃도
은하처럼 펼쳐진 멀구슬 꽃도
요모조모 뜯어보지만
아직 덜 피어난 꽃을 원망하는 눈치인데
헛개나무에 앉아 한참을 지저귀다 가버린다

나는 사철 지지 않는
꽃
꽃
꽃
그대라는 꽃이 있거늘
동박새가 안쓰럽기 그지없다.

윤들 일기 · 246
억새풀

큰비가 내린다는 예보를 접하고
손바닥만한 텃밭에
배수로도 내고 잡초도 뽑다가
잠시 쉬는 틈에
밭 한 켠에 서있는 한 무데기 억새풀을 본다

마침 불어오는 바람에 막춤을 추는데
어찌 그리 박자를 잘 맞추는지
박치인 나로서는 부럽기 그지없다
더 재미진 것은
나는 소리를 들으며 춤을 추는데
억새풀은 춤을 추면서 소리를 낸다

얼핏 보면 줄기나 잎이
바람따라서만 흔드는 줄 알았는데
자세히 보니
앞서거니 뒤서거니
따로 노는 것도 있어
바람 말만 듣는 건 아닌 것 같다

바람 없는 억새의 춤이 있을까만
아무리 밀치고 윽박질러도 되돌아가는 모습인데
굴복하지 않으려 애써 딴청을 피운들
바람이 멈추면 어김없이 막춤도 끝나고 말 터
바람이 있어야 춤출 수 있는 억새풀이
아무래도 그대 안에 나 같다.

윤들 일기 · 247
윤들의 교향시

윤들이 온통 시끌벅적이다
누운 것들도
서 있는 것들도
모두가 춤추며 노래한다
모두가 흔들고 흔들린다

솟대도
송곳대도
갓 솟아오르는 죽순도
이제야 새순아리를 내미는 자귀나무도

나는 지휘자
지금은 시새울 자 없는 최고의 지휘자

바다는 홀로 소나타
산도 어깨 춤 미뉴에트
섬은 어설픈 론도
나무들의 칸타타

봄을 배웅하는 요란한 세레머니들
바람 세례
물 세례
모두가 후줄근히 땀으로 범벅
온들에 교향시가 울려 퍼진다.

윤들 일기 · 248
우문(愚問)에 범답(凡答)

맘에 드는 시 한 편 건지는 것과
맛있는 섹스 한 번 하는 것 중에
어느 것이 좋을까

용광로속의 쇳물같이 뜨거운 격정
섬찟한 고요속의 중얼거림
카타르시스
식힘과 삭힘

시를 쓴답시면
둘 다 살맛나는 일임이 분명한데
어떤 어리석은 자가
옳은 시 한편 건질래?
맛깔난 섹스 한 번 할래?
라고 묻는다면
어줍잖은 시인은
숨 쉬는 날까지
사랑 없는 시가 어딨으며
시 없는 사랑이 어딨냐고
되물을 일이다
둘 다 아니면 죽는다고 답하리라.

윤들 일기 · 249
성난 바다

하염없이 두드렸건만
언제 한 번 웃어준 적 있었더냐
움쩍도 안할 때 알아 봤다

세찬 마파람에 섬이
화난 줄 알았는데
어르렁대는 흰 어금니는
바다였었네

님이여
그러는 게 아니야
아니고 말고

성난 파도는 갯바위를 때리고
뭍까지 오를 기세인데
그만 하거라 바다야
이러다
섬인들 남아나겠는가
섬은 언제나 그 자리에 있어야 한단다.

윤들 일기 · 250

늦봄

십여 년이나 어리석게도
윤들의 모든 것들은
내 맘대로
살리기도 하고
죽이기도 하는
나를 위해서만 존재한다고
여기며 살아온 것 같다

그게 아니었는데
이제라도
생사여탈권을 갖고
이들이 나를 살리고 있다는 걸
알게 된 건
그나마 다행이 아닐 수 없다

산은 돌아앉아 말 없고
새초롬한 바다 하며
움쩍 않는 섬으로 하여
봄은

이별을 건너 뛴 사랑은
부축해줄 이도 받을 마음도 없이
5월의 분주한 숲길을 절며 가고 있을 때

혼자라서
혼자만 남겨져서
죽으라고 고독해 질 때

후박나무 아래서 익어가는 앵두 한 알이
갓 깨어나 통통 튀는 병아리들이
말없이 가버린 봄이 어디서 쉬고 있는지 알려주지 않는가
나를 숨 쉬게 하지 않는가 말이다.

윤들 일기 · 251
이름을 불러주자

나쁜 사람들
저마다 이름이 있거늘
우리를 불편하게 하는 풀들은 싸잡아
왜 잡초라 하나

제 땅에
싹틔우고
뿌리내린 게
무슨 죄가 된다고
자르고
베고
극약까지 뿌려대며
중죄인인 양
참살을 해대나

본디 저들의 땅이어늘
인간은
누가 침략자인지도
모르는 인간은
더 큰 죄인이 아닌가

이제부터라도
뭉텅거려 잡초라 부르지 말고
제 이름을 찾아주자
제 이름이라도 불러주며 미안해하자
바랭이는 바랭이로
쇠비름은 쇠비름이라 불러주며
사죄(謝罪)라도 하자.

윤들 일기 · 252
섬과 그대 · 1

주머니에 넣어 만지작거리고 싶고
가슴에 품어 고이 키우고도 싶은
갓 깨어난 병아리같이 자그만 섬 하나

저녁에 한 번 더 봐 두는 건
밤을 새워야 할 그리움 때문이고
아침에 더 반가운 것은
밤을 새운 기다림 때문

심술쟁이 안개는
대낮에 느닷없는 안개는
그대 같아서
어느 순간 샐쭉해 질지 모를
그대 같아서
아무리 못 보게 가린다 해도
내 눈에는 선연히 보인답니다
조금은 얄미워도 언제나 사랑스럽답니다.

윤들 일기 · 253
섬과 그대 · 2

또렷하게 보일 때보다
안개에 가렸다
희미하게 보이기 시작할 때
더 편안하고 좋습니다

잘 보일 때는
언제 안개가 덮쳐
못 보게 될지 몰라
불안하기 때문입니다.

윤들 일기 · 254

참깨를 심으며

참깨 한 알을 심어서
석 달 남짓
제대로 키워 수확을 하면
천 알은 될 것인데
마이더스의 손이 아닐 수 없다

친구 하나는
주식을 해서
꼴난 2할을 벌었다고
소주를 사는데
참깨 한 알을 심어
천 알을 수확하면
나는
무엇으로 한턱내야 이치에 맞을까

구석쟁이 난들에 납죽한 맹지(盲地)를 사뒀다가
대박이 난 친구도 가만있는데

소금기 쩔은 땀을 훔치며
밭두렁에 앉아
냉수 한 모금을 마셔 보건만
마땅한 해답이 없구나
가난이 무슨 자랑이겠냐만
밥이라도 사라고 조르는 친구한테는
참깨 한줌이나 줘야겠다.

윤들 일기 · 255
새벽비

두어 잔 쓴 술로 벌떡이는 영혼
눕혀 보려다
멋쩍어진 지난 밤
너와 나의 얘기가 새벽비로 내린다

달랜다는 것이 우격다짐이 되고
실망한 영혼이 한 길
쏟아지는 빗속을 서성일 때도
아무것도 할 수 없었던 나

이럴 때
너를 잠시 보내면 되는데
가슴 한복판에서 언저리로
너를 살며시 보내면 되는데
애초에 어림없는 일

몇 잔을 더 따른 사연은
빗물만이 알고 있는데
무척이나 힘들게 했던 너는

정작 무엇을 알고 있는지
떨어지는 빗방울이
낱낱이 일러주려 하네

그대여
쏟아지는 새벽비에
잔디밭이 아파해도
내가 전하고픈 말은
빈 술잔에 가만 가만 담아두고
돌아서서 잊어주면 안되겠니.

윤들 일기 · 256
그리움 · 10

오늘은 그대를 위해 무엇을 할 수 있을까
아무리 생각해봐도
그리워할 일 밖에 없는데
다른 무슨 일은 없을까

지겹고 지칠만도 하건만
뿌리혹박테리아처럼
스스로의 에너지를 만드는 그리움
아무것도 하지 않으면
몹쓸 증후군이라도 나타나지 않을까
두려워진다

하는 수 없이
만만한 바다로 뛰어 든다
허한 허리춤에 그리움의 추를 달고
심연으로 가라앉는다
자맥질을 한다

한참이 지나도
숨비소리 들리지 않는데
그리움의 추가
너무 무거웠나 보다.

윤들 일기 · 257
섬과 그대 · 3

섬이 있고
그대가 있어
내가 있는 줄 알았는데

섬이 있고
그대가 있어도
나만일 때가 있습니다

가끔은
흐르는 물살에
섬도
그대도
띄워 보내고 싶습니다

더는 떠나갈 수 없는 곳에 멈추면
나도 떠가서
섬도
그대도
다시 만나고 싶습니다.

윤들 일기 · 258
오월

오월은
해도 해도 너무한다

푸르름의 탈을 쓴
악마의 블랙홀

장미의 미소
숲속으로
거미줄 속으로
무작정 빨아들이는 무례함

그대마저 움찔대는 바람에
붙잡느라 정신이 하나도 없구나.

윤들 일기 · 259
그리움 · 11

오월의 주검 하나
애기 연 헤적이는
작은 연못에 떠 있다

간밤에는 무슨 일인지
내내 칭얼대다
어렵사리 잠이 든
초이레 어린 달빛

달빛에 바랜
찔레꽃잎 하나 떠 있다
마알간 얼굴하나 떠 있다.

윤들 일기 · 260
그리움 · 12

내가 가진 것 중에는
있어도 그만
없어도 그만
외려 없는 것이 나을 것도 있겠지만
못 버릴 게 있는지 살펴봅니다

나 혼자 가진 것은
다 버린다 해도
그대와 함께 가진 것은
죽어야 버려질 것 같습니다

형체도 없고
딱히 뭔지도 모르면서
놓아버리면 죽을 것 같아
늘 양손에 쥐고 삽니다.

윤들 일기 · 261
오목눈이

이른 아침
오목눈이 한 마리
밤새 걸어 놓았던
밀창을 열자마자
기다렸다는 듯이 날아든다
책꽂이에 놓인
작은 솟대에 앉아
콩 콩 콩 꼬리방아를 찧으며
말을 걸어오는데
아침 수다가 진지해 보인다

어제는 분명 다정스레 한 쌍이 왔었는데
오늘은 수컷 한 마리

조아리며 지저귀는 모습이
하소연 같기도 하고
무언가를 이르는 것 같은데
무슨 말을 하는지 알만해지자

휘리릭
날아가 버린다
몹쓸 것
나도 할 말이 많은데
자기 말만하고 가버리다니
나는 누구에게 해야 하나.

윤들 일기 · 262
청산도에 가고 싶다

달팽이가 느리다고
나무늘보가 굼뜨다고
늦는 건 아니지 않은가

우리가 한 시간에 갈 걸
저들이 백 시간에 간들
서로의 시간표만 다를 뿐
늦는 건 아니지 않은가

느림의 섬 청산도에서
너를 생각해 보고 싶다
천천히 그리워하고
천천히 다가가고
천천히 끌어안으련다
달팽이처럼
나무늘보처럼
누릇누릇 덧칠을 하고 있을
청보리처럼

푸른 잔디를 두르고 누운
무덤처럼

서두르다 추락하거나 지나쳐서
다시 돌아 갈 일 없게
느릴지라도 결코 늦지 않게
오래 오래 같이 할 수 있게
한 천 년만 너를 생각하련다

청산도에 가고 싶다
너를 안고.

윤들 일기 · 263
그대 떠나면

어쩌지 못하는 나를 두고
잰걸음으로 그대 떠나면

길섶에 핀
자운영꽃도 아니요
밟혀 죽은
제비꽃의 주검도 아니요
그대를 부여잡으려다
주검위에 잠들어 버린
새벽 달빛도 아니요

스쳐 지나가도
이미 떨구어버린 고개
곁눈질하며
이 모두를 기억해야 하는 나

허구한 날
날벌레 한 마리 걸리지 않는 그물망을
하릴없이 순찰하는 무당거미 한 마리나
내려다보게 낮달이 되려오.

윤들 일기 · 264
접근 금지

오월의 가슴에는
하얗게 하얗게
찔레꽃만 피는 것은 아니다

추억이 숨어든 숲속에서
너를 찾아 헤매다
터져 나온 묵밭자리에는
인동꽃을 비웃 듯
온몸을 가시로 무장한 엉겅퀴꽃이 피었다

다가갈 수 없는 네가 서 있다.

윤들 일기 · 265
양귀비꽃 · 1

하루면 충분해요
하루면 당신을 만나 사랑하고
기약 없이 떠나지요

딱 하루만 피었다 오므리고
떨구면 되는 것을

하루면 충분해요
하루면 당신을 만나 사랑하고
기약 없이 떠나지요

급하다구요
빠른 거랍니다
말하지 않아도 다 안답니다.

윤들 일기 · 266
양귀비꽃 · 2

아무도 모를거다
너 말고는

벌건 대낮에
선불 맞은 여인의 사타구니
그 선홍의 玉門(옥문)마냥
한껏 오므린 까닭을.

윤들 일기 · 267
근대국

냄비에다
쌀뜨물 톡톡히 받아
디포리 서너 마리
된장 풀어
센 불에 올려놓고
남새밭에 달려가 우두둑
근대 한 아귀를 뜯어다
경중경중 잘라 넣고
푹 끓으면
납죽 납죽 두부를 썰어 넣어
양념을 하고
한 번 더 김을 내서
알맞게 간을 보면
된장 맛에 어우러진
흙내음이 살짝 나는 근대국이 된다

신선한 근대에다
넣을 거 다 넣고 끓였건만
무엇이 빠졌을까
오늘따라 이상하게
어머니가 해 주시던 맛이 안 난다
유달리 근대국을 좋아하셨던
아버지가 보시면 씽긋 웃으시겠다.

윤들 일기 · 268
대략난감

때 아니게 벌겋게 달궈진 대지에
새벽부터 단비가 내려
미루었던 들깨 모종을 하려는데
이웃집 아주머니가 언짢은 표정으로 말린다
근처에 참깨를 많이 심었는데
참깨 농사를 버린다는 것이다

참깨 곁에다 들깨를 심으면
안 된다는 얘기인데
심을 수도 없고
안 심을 수도 없고 난감하다

할 수 없이 미룬 채
근동에 농사를 많이 짓는
할머니한테 물었더니
예부터 그런 말이 있기는 하다는데
곁에 있던 신사 한 분이
아마 들깨향이 너무 강해서
벌나비가 오지 않아

참깨꽃이 피면 가루받이를 해야 하는데
문제가 있지 않겠느냐는 이야기를 한다

사람들만 그런 줄 알았는데
작물도 코드를 맞춰야 하나보다
손바닥만한 남새밭이라
다른데 심을 땅은 없고
날이 들기 전에 심어야 하는데
모종을 뽑아 놓고서 대략난감이다.

윤들 일기 · 269
우포늪에서

나는 비겁했다
너 앞에서 한없이 비겁했다
실잠자리 나르는 수면 위로
바수는 오월 햇살 아래
오수에 빠진 너를 두고
깨우기는커녕
발 한번 담그지 못하고 돌아섰으니

우리 사랑하기는 한 건가

언제나 흔들리는 부들은
아직 키를 다 키우지 못했고
이제사 싹을 틔운 가시연은
반겨줄 기색조차 없는데
모가지를 늘인 백로는 어디에도 없다
드러난 고사목가지에 원앙 한 쌍
전깃줄에 앉은 파랑새조차 데면글면인데
소금쟁이 물방개는 어디에 沈潛(침잠)하고 있을까

우리 사랑하기는 한 건가
너에게 건넨 오디 한 옹큼
너의 손도
나의 손도
검붉게 물들인 오디 한 옹큼
차라리 지워지지 않을 刻印(각인)이면 좋으련만

우리 사랑하기는 한 건가

언젠가
네가 깨어 있을 때
쓸쓸한 길손으로 다시 와
네 품에서 거닌다면
나의 하소연를 들어줄 텐가

우리 사랑하기는 한 건가.

윤들 일기 · 270
양귀비꽃 · 3

어설픈 情炎(정염)에
열릴 빗장은 아니니
멀찍이서
슬며시 보고 지나쳐라

가까이서
겁 없이 속을 들여다보다가는
감당 못할 蠱惑(고혹)의 늪에 빠져
숨이 멎을지도 모른다.

제4부

여름

윤들 일기 · 271
그리움 · 13

윤들은 늘 취해있다
술 한 방울 마시지 않아도
바다가 취해 있고
산이 취해 있고
남새밭이 취해 있다

꽃으로 취하고
장끼의 구애 소리에 취하고
바다를 핥고 온 바람에 취했다

비쩍 마른 종려나무는
이미 정액이 말라 버린 것 같은데
손 내밀면 닿을 곳에
피어나는 밤꽃은 어쩌란 말인가

윤들은
모두가 늘 취해있는데
정신을 곧추세운 나는
숙취대신 그리움으로 속이 쓰리다.

윤들 일기 · 272
그리움 · 15

낙양에 목단은 이미 지고
梨河(이하)는 도도히 흐르는데
용문석굴 십오만 불상은
흐르는 강물을 잡아두고
서둘러 과거로 데려가려 하네

조조도
당태종도
양귀비도
이태백도
측천무후도
장개석도
홍의군 붉은 깃발도
아직은 여린 백양나무 이파리로 나부끼는데

어렵사리 뿌리치고 오른 嵩山(숭산)
아직 알지 못하는 그대의 심중같이
암벽은 켜켜이 쌓여
수만 권 장서가 꽂힌 책꽂이 같고

협곡은 끝간데 없이 깊으디 깊은데
우뚝 솟아 금방 쓰러질 듯
이름 모를 암봉(岩峰) 하나가
얼마나 서 있어 봤냐고
얼마나 기다려 봤냐고 묻는 것 같다

네가 천 년을 기다렸다면
이국만리에서
붉은 피가 하얗게 바랠지언정
나는 만 년이라도 기다리련다.

윤들 일기 · 273
그리움 · 14

먼 땅 이국 중원에서
잊고 싶거든
잊어야 하거든
잊을만 하거든
잊어 보자고
들이붓는 술잔에

잊어서 일어날지 모를
영혼의 반란으로 인한 오작동
그 몸부림속의 몹쓸 알러지(Allergy)로 하여
너와 나를 쓰러트릴지도 모를 두려움
그 두려움이 두렵지 않거든
잊어 보자고
젖어드는 가슴을 토닥여 보건만

백지로 남겨야 할 비망록은
떨어지는 저린 눈물에 얼룩만 지는구나
가혹한 밤이 젖는구나.

* 중원; 중국 정주

윤들 일기 · 274
그리움 · 16

태항산맥 남쪽 끄트머리
雲臺(운대)산을 오르는데
하이얀 자귀꽃이 구름인양 피어있네

어렵사리 떼어놓은 발자욱이
紅石峽(홍석협)으로 미끌어지는데
쓰잘데기 없는 상념 정도는
금방이라도 깨트릴 듯 쏟아지는 폭포가
정수리를 바수네

물(水)아
홍석협 바위들은 모두가 피빛인데
속으로 속으로
얼마를 더 깎고 파고들어
절절히 다가서면
맑은 색에 디디를까

오르면서 보고
내려오며 다시 보아도
하이얀 자귀꽃만 구름인양 피어있네.

윤들 일기 · 275
그리움 · 17

개봉구에 포청천을 배알하러 왔는데
허름한 초상화와 녹슨 작두만이
이국의 길손을 맞아주네

눈인사를 나누고 돌아 나온 포공호에는
나이든 강태공이 졸아가며
세월은 낚고 있는데
곁에 앉아
부질없는 상념을 미끼로 꿰어
낚싯줄을 드리운다

물고기는 소풍을 갔는지 입질이 없고
온갖 잡념들이 달려들어 깐죽대는데
챔질을 해도 낚이기는커녕
거짓말 같이 미끼만 뺏어가네

어느 샌가
호수에 빠져 허우적대는 구름 하나가
낯익은 여인의 모습 같아
섬짓 놀라며 반기는 차에
수면을 박차고 뛰어오른 물고기 한 마리
감미롭던 夢幻(몽환)을 야속히도 앗아가네.

윤들 일기 · 276
오월

같이 가자고
기다리라 했건만
이제 막 피기 시작한 밤꽃을 두고
먼저 간 장미 주검들을 주워
주섬주섬 보따리에 싸서는
서둘러 가려 하네
동백을 두고 4월이 떠날 때처럼

5월이 가려 하네
아직 할 일이 남았을 텐데
가야 하는구나
갈 때를 아는구나
떠나야 함께 할 수 있는 사랑이
모질거나 야멸찬 것이 아니라는 것을
제대로 아는구나.

윤들 일기 · 277
밤꽃

더는 참을 수 없어
터져버린 精巢(정소)
누구의 초대인가
오늘따라 드센 바람

무슨 일로 왔던가요
그 여인
어렵사리 가던가요

오고 가는 건 제 맘이지만
너무 가까이는 안 돼요
멀리서도 냄새가 보인답니다.

윤들 일기 · 278
거미줄

나뭇잎 하나 까딱 않는 적요의 아침
후박나무 처진 가지 거미줄에는
날벌레 몇 마리
어둠을 헤집던 찔레꽃잎 하나

염(殮)은 시작되고
걸리면 끝이 난다
생명이건 운명이건

독(毒) 쏘아서 주검 만들고
질긴 밧줄로 돌돌
용해된 즙액을 빨아 미이라가 되면
미련 없이 던져버리는 의식

찔레꽃잎이 차례를 기다리지만
땅거미 지도록 눈길조차 주지 않는데
한번쯤
그대라는 거미줄에 걸려
숨도 못 쉬게 칭칭 감기고 싶은 나
오늘은
찔레꽃잎으로 걸려 있네.

윤들 일기 · 279
양귀비 · 4

다시없을 핏빛 순정
사르고 살라
미련 없이 떨구어
꽃잎으로 하늘거린다

사랑은
내일을 생각하지 말자고
내일을 생각하면 사랑이 아니라고.

윤들 일기 · 280
고구마를 심으며

며칠째 불볕더위에
때만 기다리고 있었는데
날이 밝자 뜻밖의 빗방울 듣는다
얼마나 반가운지 아침도 제쳐두고
서둘러 고구마 줄을 걷어다
서너 마디씩 나누어서 줄줄이 심는데

원래 독한 놈이긴 하지만
비를 맞으며 심으면
뿌리내리고
새순아리 내기가
수월할 것이고
땅내음을 잘 맡고 나면
삼복더위 넘기고 서늘한 10월
서리 내리기 전에 수확하게 되겠지

전신주에 산비둘기 한 쌍
깜장염소가 물끄러미 본다
이웃 들쥐들도 기다릴 것이고
벌써 제 몫을 가늠하나 보다
농부의 숨소리와
발자욱 횟수만큼
맺힌 뿌리에
맛과 향이 더해지고
자양이 영글어
여럿 입을 즐겁게 할 즈음
또 한 해가 수그러들겠지

비 내리는 날
고구마로 해서 행복해할
모두를 생각하며
가슴 복판에다 새 생명 하나 이식한다.

윤들 일기 · 281
산딸기

연어가 풀숲에 알을 낳았나요
그냥 지나치지 못하는 길손

알란알란 영근 사랑
손 안에 한 옹큼

누구라도 좋아요
그대라면 더 좋아요.

윤들 일기 · 282
감자

간만에 딸년이 왔는데
마땅히 해 줄게 없어
조금 이른 자주감자를 캐서
숟가락으로 긁어 껍질을 벗기고
왕소금으로 간을 맞춰
냄비에 앉힌다

파실파실 분(粉)이 난
보랏빛 父情(부정)
옴속옴속 입으로 들어가는 모습이
자물시게 이쁘다

누가 그랬던가
가물어 갈라진 논에
물 차오르고
내 새끼 입에 밥 들어가는 모습이
세상에서 제일 이쁘다고.

윤들 일기 · 283
참회(懺悔) · 1

살아오면서
수없이 써온 말

진심인데
정말인데
너에게만 말하는데
솔직히 말해서
너만 알고 있어라

얼마나 감추고 싶었던가
얼마나 들키기 싫었던가

지난 삶이 내내 휘청거렸어도
가려서 멀리해야 할 말들
이제사 겨우 알아감에 감사해야 하나.

윤들 일기 · 284
밤꽃 엔딩(Ending)

처절하던 향기의 절규는
초닷새 달빛에 잦아들고
향연은 끝나 가는데
흥건한 자욱이 사라지기 전에
불러야 할 노래 한 소절 있다면

너를 사랑하노라

내가 부를까
네가 불러 주겠니

속까지 들여다 볼 慧眼(혜안)은 없는데
따라 부르기 쉽지 않은
장단 없는 음률이여

비워 둔 가슴에다
너는 나에게
나는 너에게
음유하는 울림으로 남길까.

윤들 일기 · 285
참회(懺悔) · 2

아침 안개가 엹게 낀 바다를 바라본다
내 눈 앞에 모든 것이
파스텔톤 실루엣
저들 눈에 나란 존재도 마찬가질까

곧 해가 떠오르면
안개는 걷히고
우린 서로를 빤히 바라보게 되겠지
두렵다
보이기 싫은 것은
못 보게 할 수도 있으면 좋으련만

살아있다는 것이
자랑인 세상이 있다면
잠시라도 살아보고 싶은데
우선은
환한 세상에다
나를 한번 드러내보고 싶다

어찌 살 것인가는 결국
어찌 살았느냐의 다음 막일뿐인데
오늘따라
안개가 쉬 걷히지 않는구나.

윤들 일기 · 286
병꽃

나는 네가 좋다
나 하나 들어가면
꽉 차 버리고 마는
작은 가슴이라서 더 없이 좋다.

윤들 일기 · 287
안개 바다

무슨 일일까
한낮인데도 바다는 오늘
일어날 줄을 모른다

간밤 쉬 잠들이지 못하고 뒤척이다
안개를 뒤집어쓰고 낮잠을 잔다

나 보다 훨씬 벗이 많아 보이는데도
외로울 때가 있나보다

같이 놀자고
갈바람이 간지르고
내가 불러도
숫제 대답이 없다
바다도 더러는 심통이 나나보다.

윤들 일기 · 288
윤들 몽돌

윤들 바닷가에 몽돌들은
동글동글한 것보다
길쭉하고 납작한 것들이 많아서
늘 소란스러운 것 같다

모는 얼추 닳아도
아직 둥글지는 못한 것이
저마다 할 말이 많아 보이는데
파도를 맞고
물살에 씻기고
구르다 보면 조용해지려나

발길에 채인 몽돌 하나가
항변이라도 하듯
꿈틀거리다 멋쩍게 돌아눕는다.

윤들 일기 · 289
그리움 · 18

비 개인 아침
멍나무 그늘 아래 앉아
작은 연못을 들여다본다

後戲(후희)라도 하듯
바람 한 줄기 지나며
남은 빗물을 털고
때 아닌 물방울 세례에
수련이 배시시 웃는다

네가 웃는다
일상처럼
늘 함께 하는 줄 알지만
오늘따라 새삼스런 마음이 든다.

윤들 일기 · 290
기다리자

동백꽃으로 울렁거려도
매화는 시치미
벚꽃의 향연을 뒤로 하고
순백의 목련이 터질 때쯤
두드렸던 너의 문은
굳게 닫혀 열리지 않았다

접시꽃이 웃고
밤꽃이 자지러질 때
백합을 피워 놓고
청사초롱으로 불 밝혀
여유로이 나서 볼 것을

꽃은 또 오고 가는데
지긋이 기다리지 못하고
조급하게 보채며
피지 않는 그대만을 원망했구나

후회는 아무리 빨라도 이미 늦은 것
지나간 시간들은 깡그리 묻어 버리고
아직 벙그는 꽃 한 송이 있다면
능소화가 필 때까지 기다리자
그래도 피지 않으면
일 년을 더 기다리자
백 년이라도 기다리자.

윤들 일기 · 291
그리움 · 19

또 안개다
어제도
오늘도

내일마저
작은 섬 하나가
보이지 않으면
두 말 않고
조각배 하나에
상념들을 챙겨 싣고
노 저어 갈 거다

차라리
그 섬에서 살 거다.

윤들 일기 · 292
섬 · 4

지고는 못살아
한 곳에서 말뚝처럼 버티지만
언제나 져야 산다

단절이 아니고
이음이기에
기다릴 수 있는 것만으로도
배려가 되고
흘러 가버리지만 않는다면
맨날 져도 좋다

미우나 고우나
여태 떠나지 않고
늘상 같이 해 온
바다한테는 억만 번을 져도 좋다

섬은
자라는 나무조차
하나같이 바다를 향해
고개를 숙이고
가지를 뻗어 흔들어 댄다.

윤들 일기 · 293
파도가 치는 것은

바닷물이 바다에서 벗어나
산에 오르고 싶어
내보내 달라고 발광하는 거다

맨날 발목만 어루만지다
종아리며 허벅지
엉덩이도 만지고 싶고
잘록한 허리도 휘감아 보고 싶고
아, 가슴!
수북한 가슴은 어쩌나
옴폭 패인 볼우물에 키스하고 싶고
아, 입술 입술은!
도발하는 벼랑은 살며시 비껴가며
산꼭대기에 다다라서
푸른 머리칼 쓰다듬으며
구름소리랑
바람소리랑
새소리랑
너의 소리를 듣고 싶은 게다

얼핏 강해 보이지만
한 번도 제 힘으로 나서지 못하고
바람이 부추겨야 시도되는 도전
늘상 꿈일 뿐
결국 주저앉고 말아야 하는 설움

파도는 살아있는 몸부림일진대
물이 물을 떠나서 어찌 산단 말이냐

파도가 치는 것은
바람이 불어서이고
네가 무시로 저지레해
너덜해진 가슴이 발딱이는 것이다.

윤들 일기 · 294
텃밭

일찍 심은 강냉이가 파수병처럼 서 있고
아직 꽃을 피우지 못한 참깨는
고소한 나라를 도모하느라
구름이 언듯 언듯 가려대는
한 자락 햇볕도 아쉬운 듯
한껏 팔을 벌리고 앉았는데
성급한 도라지는 보라색 나팔을 불어대고
사춘기 性徵(성징)처럼 몰라보게 커져서
터질 듯 夏情(하정)에 힘겨워 하는 고추가
풋풋한 꿈을 키워가는 텃밭

땅속에서 줄기보다 더 큰 맺힘을
기도라도 하듯
납작 엎드린 우엉이며 고구마
잦은 비에
역병을 앓고 있는 대파가
다가오는 장마 소식을 들으며
강냉이 이파리 서걱이는 소리에
귀를 쫑긋 세우는 텃밭

아침에 눈을 뜨면 마주하고
바람소리를 쫓아 종일을 헤매었어도
사랑하는 여인이 시새워도
어둠이 오기 전 다시 마주해야
서로가 편안히 잠들 수 있는 우리

나의 숨소리와
발자국 소리를 들으며
땀방울을 주워 먹고
살아가는 내 가족들
내가 원하는 것과
너희가 원하는 것이 같은 우리

더는 무엇을 부러워하리
더는 무엇을 가지려하리.

윤들 일기 · 295
이슬

너는 이슬이다
뜨거운 듯 차갑게 와서
누구를 위해서도 존재하지 않고
오로지 바람과 햇살만 두려워하며
떠나기 위해 생겨나
풀잎 끝에 앉아서도
렌즈처럼 날 투영하다
다 들여다 보고나면
얼룩 하나 남기지 않고
사라져 버리는 이슬
이슬이다

속을 내준 내게 위로도 없이
먼지가 날리기 전
동 동 동
사라져 버리면

들켜버린 부끄러움을
감출 시간도 없이
동 동 동
사라져 버리면

발을 구를 시간도 주지 않고
동 동 동
사라져 버리면

기다림도 설레임도 아닌
작은 물방울일 뿐
幻影(환영) 또한 아닌데
가슴을 베고 누운 殘影(잔영)속에 네가 있다
이슬
너는 이슬이다.

윤들 일기 · 296
접시꽃

색색의 유약 발라
해와 달로 구워낸 접시들
언제나 꼿꼿한 자태로 서 있어
한시도 내 사랑을 담아 볼 수가 없네

웃기는 하는데
웃어주고 있는데
아무리 기다려도
불어오는 바람에 한사코
도래질만 하네

줄기를 잡아 살며시 뉘어
접시 하나에 내 사랑을 담아 보지만
놓기 무섭게 쏟아버리는 그대

사랑을 속여
사랑을 얻었어도
그 사랑에 죽어가는 나.

윤들 일기 · 297
장마 · 1

참아도 참아도
복받치는 설움이다

쏟아도 쏟아도
비워지지 않는 원망이다

네가 가려 할 때
따라가지 못한 회한이다.

윤들 일기 · 298
장마 · 2

씻어도 씻어도
지워지지 않는 허물이다

헹궈도 헹궈도
빠지지 않는 얼룩이다

네가 떠나려 할 때
붙들지 않은 죗값이다.

윤들 일기 · 299
능소화

소화는 눈물이 말라 죽었나 보다
밤낮으로 담장을 넘바다 보며
흘리고
흘리다 말라버린 샘

울먹이다 울먹이다
터지고
터지고
울어도 울어도
풀리지 않는 그리움

결코 지리할 수 없는 장마
흠씬 맞고서야 피어나는 소화
온전히 붉지도 못하고
아직도 담장에 기댄 채
기다리고 있구나

꽃잎에 얹힌 빗방울에
웃고 있구나
울고 있구나.

윤들 일기 · 300
원추리꽃

하이얀 燈(등)을 도리도리 저으며
쏟아지는 장맛비에 힘겨워하는 초롱꽃 곁에서
살째기 피어나는 원추리

다른 꽃에 취해
못 보던 사이
얼마나 벙글다
하 좋은 날들 두고
이때에 피는 걸까

장맛비를 맞고
힘없이 스러져가는
여느 꽃보다
이쁘기 그지없다

재주 부리지 않고
곧이곧대로
자신이 이쁜 줄도 모르고
진솔히 피어나는 원추리가
오늘따라 더없이 사랑스럽다.

윤들 일기 · 301
憂愁(흑산도에서)

장맛비를 맞고 흐느끼던
장미 한 송이 두고
어렵사리 떠나온 섬나라 갯들
비 그친 후박나무에 깃든 어둑살처럼
가슴에 부딪는 주체 못할 상념들이
몽유병처럼 서성이다 내달은 낯선 바다
그 바다 수평선 위에 떠 있는 또 하나의 섬이
또르르 굴러 내 가슴에 얹히는데

아, 어찌하면 좋은가

어줍은 시간마저 어쩔 줄 몰라 하고
쉬 떠나지도 못하는데
가슴 언저리에 기대고 있는
그대는 누구란 말이냐
허멀건이 웃고 있는
그대는 누구란 말이냐

텁텁한 막걸리 한 잔
들이키는 길손의 눈에 머얼리
가로등 불빛이 섬광처럼 번뜩인다.

윤들 일기 · 302
흑산도 · 2

바투 앉아
빤히 바라보면서도
아무런 말이 없다

내 품에
온전히 안겨서도
아무런 몸짓이 없다

말이 없기에
더 많이 들리고
몸짓이 없기에
더 많이 느끼는
설삭은 홍어 같은 사랑이여

하얀 밤을 함께한 후박나무여
밤은
어이하여 이리도 짧단 말인가

떠나야만 하는 길손
쉬 떨어지지 않는 발걸음이

예리항*을 맴도는데

잡지 말아야 다시 온단다
놓아다오 흑산도여
네가 잊힐 때쯤 다시 오마
내 사랑이여 안녕.

* 예리항: 흑산도에 있는 항구.

윤들 일기 · 303
너를 사랑하는 것은 · 1

너를 사랑하는 것은
네 안에서 詩를 쓰는 일이다

詩가 잘 될 때는
너로 하여 일어나는 아픔이
쌉쓰레하다 달착지근해지는 버찌 같은
감미로움으로 다가오고

詩가 잘되지 않을 때는
더 사랑하라고 探根(채근)해 댄다

오늘은 詩가 잘 되지 않는다.

윤들 일기 · 304
너를 사랑하는 것은 · 2

너를 사랑하는 것은
네 안에서 詩를 태우는 일이다

가슴에 난 생채기가 아물어
떨어지는 딱지 부스러기로
티벳 고원의 야크똥처럼 불을 지펴
이미 쓰여진 詩를 태우는 일이다
지금 쓰고 있는 것 말고도
앞으로 쓸 詩 또한 태우는 일이다

다만
남겨진 재와 같이
한 소절이라도 네가 기억해 주길 바라며.

윤들 일기 · 305
때문

소나무가 늘 푸른 것은
해마다 새순을 내기 때문이고

꽃이 웃고 스러져도
사랑이 죽지 않는 것은
날마다 이별하기 때문이다.

윤들 일기 · 306
장마 · 3

이른 아침
댓닢에 후둑이는 빗방울이
마른 가슴에 저미는데
생채기에 뿌린 소금인 양 쓰리다

저편의 기억은 이미 내 것이 아니고
이별이 이별을 예감하고
저어 저어 수평선을 넘어 갔거늘
이리도 아린 건 왠일인가

삭여도 삭지않는 그리움을
내 마음속 거미줄에 이슬처럼 걸어두면
햇살이 거두어 갈까

산허리를 휘감은 안개 한 자락이
장끼의 구애소리에 놀라 흩어지고
가까운 산봉우리에 뭉게구름 한 떨기
수국처럼 피어오른다.

윤들 일기 · 307
호박꽃

비 내리는 날
느릅나무를 잡고 올라
웃고 있는 호박꽃을 본다

뭇 꽃들이 오만가지 색깔과 향기
모양으로 변신할 때도
그 모습 그대로 노랗게만 피우는 切介(절개)

이른 아침 피어나
벌 나비가 오던지 말던지
스스로가 정한 시간표대로
해가 중천이 되기 전에 오므리는
결코 사랑을 구걸하지 않는 志操(지조)

낮은 곳으로 임하다
높은 곳이 있으면 어김없이 오르고
항상 나아가며
되돌아가는 법이 없는 意志(의지)
다시 태어난다면 한 번쯤
호박으로 살아 보고 싶다
아무도 환호해 주지 않아
미움 받을 이유도 없는
호박꽃으로 피고 싶다.

윤들 일기 · 308
장마 · 4

뜬금없이 내 그림자가 보고 싶은데
어제 어둠이 앗아가고는
날이 밝아도 돌려주지 않는다

먹장구름 아래 줄기비가 훼방을 놔도
발바닥 아래 딛고 선 자리에 존재할 건 분명한데
몇 바퀴 팽이 돌듯 살펴도
보이질 않으니 답답한 마음이다

하늘아
이제 산돌림은 그만하고
잠시라도 여우비 한 번 내려 주겠니?
내 눈으로 있음만 확인하게
제발
같이 하면서도 보이지 않아
뜻밖의 안절부절 거두어 주겠니?

서로가 서로를 떠나지 못하는 운명이지만
네 속에 나를 다시 보고 싶은데
가끔은 내가 보기 싫을 때도 있나 보구나
하기사
언제 너를 찬미는커녕 찾기라도 했더냐
며칠 째 내리는 비에 야위지나 않았는지
오늘따라
네가 보고 싶은 건
살다가 모를 일이다.

윤들 일기 · 309
나들이

들어가더라도
나오고
나오더라도
들어가야 한다

나갈 곳
돌아갈 곳이 있어야
할 수 있다

둥지를 튼
새처럼

네가 있는
나처럼.

윤들 일기 · 310

앙띠노미(Antinomie)

나는 어제
너를 버리고 만나
새로운 너를
고스란히 안고 돌아왔다

오늘도 나는
이별을 하고
너를 만나러 간다

만나서 너를 버리고
이별하는 것은 너무 두렵기에
너를 만나기 전에 나는
아려도 서슴없이 버리고 이별한다.

윤들 일기 · 311
돌개바람

간밤에 나는 망나니였다
해원을 훑고 다다른 섬
섬을 지키던 후박나무들이
반겨주리라 믿었던 후박나무들이
샐쭉이 이파리를 뒤집어 나를 외면했고
섭섭하다 못해 화가 난 나는
돌아오는 길에
텃밭을 지키고 있던 보초병
아무것도 모르고 총 대신
아기를 둘씩이나 업고 서 있는 강냉이를
들배지기로 안 먹히자
밀어치기로
돌림배지기로
무참히 쓰러뜨렸다
그래도 분이 삭지 않아
전신주마저 한참을 울려놓고
씩씩거리다
어둠속으로 파고들어

외딴집 추녀 밑 습한 콘크리트 바닥에 털썩 주저앉아
눅눅해진 팝콘 한 봉지
축축한 원망 한 옹큼 집어 들고
아그작 아그작 씹다가
쓰러진 강냉이
그 애기 울음소리가 들려 웅웅 울었다

비 내리는 어둠속에서
돌개바람이었다, 나는
갈 데도 없고
쓰다듬고 어루만져주는 이 없어
무작정 발광 난 돌개바람이었다.

윤들 일기 · 312
빼앗긴 영토

십 수 년 전에 근 보름을
생채기를 내 가면서
곡괭이와 삽으로
흙을 파내고 돌을 들어내
반질 깊이 세 평 남짓
산개울 물을 잡아 가둔
꽉 찌린 애기연 사이
드문 드문 수련잎 위에서
개구리 한 마리 눈치를 보고 있는
나의 연못

옆 방축에 평상 서너 개
퇴행성관절염으로 내려앉은 다리
가만히 엎드린 평상 위에 덩그마니 놓인
플라스틱 앉은뱅이 의자 하나

따스한 감잎차 한 잔 들고 앉으려는데
집 없는 달팽이 한 마리 기고 있다
나보다 먼저 차지하고 있다

한참을 기다려도 뱅글 뱅글 돌기만 한다
물러갈 기색은 안보이고 외려
반짝이는 점액질 선을 그어가며
영역 표시를 하고 있다

그냥 밀어내버리고
뽕나무 이파리 하나 따서
그어 놓은 선은 마르기 전에
쓱쓱 닦아버리고 편히 앉아
남은 차 마저 마시면 그만인 것을
다 마셔가도록 바보같이
물끄러미 바라만보고 섰는데
한마디 해주면 좋으련만
야속하게도 곁에 선 느릅나무 한그루
입을 다물고 섰다

할 수 없이 내가 돌아선다
오늘 나는 영토 하나를 빼앗겼다.

윤들 일기 · 313
그냥 살자

장마가 며칠 뜸한 사이
흙탕물이던 연못이 맑아져
간만에 얼굴을 비쳐본다

잔뜩 물을 먹고 가라앉은 푸른 낙엽 위
이제 막 뒷다리가 새싹같이 돋아난 올챙이 한 마리
빤히 나를 올려다보는데
무슨 말을 하고 싶은 것 같다

그냥 살자
그리우면 그리운 대로
외로우면 외로운 대로
그냥 살자

앞다리가 나오거든 다시 보자꾸나
알아들었다는 듯
물먼지를 일으키며 수초 사이로 사라진다

지금쯤
길가에 풀처럼
그냥 살라던 어느 스님의 어깨는
얼마나 야위어 가고 있을까.

윤들 일기 · 314
잊어야 하기에

네가 멀찌기서 배회하는 동안
저만치서 우두커니
때로는 찰거머리처럼 붙어
알짱대는 또 다른 너는 누구란 말이냐

내 눈에 보이는 모든 것은 너이고
보이지 않는 전부가 아쉬움이라서
결국
고독만이 소소한 그림 한 장으로
내 걸릴 때
내 몫만은 아니라고
왜 나 혼자만 봐야 하느냐고
너와 같이 보고 싶다고
고래고래 악다구니라도 해야 할까

잊어야 한다 해도
엄연히 존재하는 것을
외면하고 부정한다고
묻혀지는 것이 아닌 것을

장승처럼 버티고 서 있는 것을
도미노처럼 쓰러진다 한들
억지로 지우려하지 말자
내가 온전히 사라져갈 때만
또 다른 너도 잊혀져갈 뿐인데

아직은 서성이는 네가 있기에
모든 것이 멀어 보일지라도
잊지 못하는
잊을 수 없는 것들을 위하여
또 다른 너를 위하여
가득 채운 망각의 잔으로
축배를 준비한다.

윤들 일기 · 315
이런 날에는

북만주 하얼빈 키다이스카야 거리에서
내 얼굴을 그려주던 화가가 덮어 쓴
벙거지 모자를 날려버려
대머리였다는 걸 알게 해 준 바람
이방인의 가슴을 헤집어 어루만지다 백양나무 가지에 앉아
외로워 말라며 울어주던 바람
그 바람을
그냥 두고 오기가 아깝다며 애타하던
한 여인의 붉고 촉촉한 입술에 Kiss, Kiss
Bird kiss
French kiss
아쉬움에 되돌아 와 Inside kiss
Deep!
Deep!
Deep!
Kiss, Kiss!

송화강변 그 바람은 지금도 불고 있을까

이런 날에는
전화기마저 더위를 먹었는지
긴 잠에 빠져있고
찾아주는 이 아무도 없어
먹장구름 아래 바람 한 점이 아쉬운
이런 날에는
붉고 촉촉한 입술의 여인이 되어
송화강변 그 바람을 맞고 싶다.

윤들 일기 · 316
능소화 · 2

기다림도 이골이 나
빠진 목으로
더 높이 올라
더 멀리 보고 싶었구나

두 길 반 종려나무 꼭대기
기를 쓰고 오른 소화야
한 길 담장이 그리도 답답했더냐

님은 닿을 수 없이 먼 곳
깊디깊은 곳에 있는데
말라가는 눈물로는 전할 수 없는 연정
온 몸을 던지는구나
통째로 떨어지는구나.

윤들 일기 · 317
자귀꽃

윤들의 자귀꽃은
유난히 붉다

네가 올 때쯤이면
늘 달 떠 있는 나

오기도 전에
보내지 않을 생각부터 하는 나

나를 만나
백날을 같이 해줄 너

터졌구나
激情(격정)의 환희
수줍어 할 새도 없이
피빛으로 터졌구나.

윤들 일기 · 318
섬 · 6

비개인 아침 바다에
물안개 피어오르면
아슴히 사라져가는 너

온종일 함께 하지만
온전히 가둘 수는 없기에
언제나 살피고만 있는 나

어디로 흐르는지
무슨 새가 날아 앉는지
어느 통통배가 다가가는지
구름은 몇 번이나 힐끗거리며 지나가는지
어떤 파도에 웃어 주는지

안개가 두려운 건
네가 詩이기에
보이지 않는 날이면
나에게 詩란 없기 때문이다
힘겨운 暗然(암연)일 뿐이다.

윤들 일기 · 319
자존심

호박꽃은 호박벌을
한 나절만 기다린다

오거나 말거나
한나절이 지나면
지체없이 玉門(옥문)을 걸어 잠근다

예전에는 안 그랬는데
우리가 못났다고 놀리고부터다.

윤들 일기 · 320
하늘말라리

하늘만 바라보다 지쳤어요
올려다만 보며 살아온 세월은
점점이 속만 태우고 말았지요

이제는 앉아서 볼래요
서서 잘 안보이던 것들이
살며시 다가와
살갑게 안기며 속삭이네요

지나는 바람이
우리들의 이야기에
曲을 붙여 주네요
어우러져 춤을 추네요.

윤들 일기 · 321
그대를 떠나지 못하는 이유

그대 향기가 너무도 깊게 배어
다른 냄새를 맡을 수가 없어요

그대 속삭임이 꿀보다 달콤해
다른 소리는 들리지 않아요

그대 눈빛은 달빛보다 온유해
도무지 눈을 뗄 수가 없네요

그대 온기는 봄 햇살보다 따뜻해
떨어지면 금새 얼어 죽고 말 것 같아요

시나브로
내 영혼의 지배자가 되어버린 그대
내 맘으로는 가지 못해요
설사 그대 떠난다 해도
어디까지나 쫓아가야 한다는 것만
알고 있어요.

윤들 일기 · 322
무책의 아침

내가 받쳐 든 우산 속에서
주고받은 말들은
빗소리가 다 삼켰다 하자

잊기 싫은 너의 몸짓들도
살이 도톰히 오른 달과 함께
어젯밤 구름 속에 재웠다 하자

목소리도
몸짓도
알 수 없는 너의 주파수로 하여
맞추지 못하는 다이얼
너와의 교신은 끝내 이뤄지지 않는다

답답함에
고함이라도 지르고 싶은데
내게 맞는 음역대가 없고
아로저민 가슴을 꿰매기에는
가진 바늘과 실이 무디고 짧아
부여잡고 울어야만 하는 무책의 아침이다

나는 무엇으로 사는가
너는 무엇 땜에 사는가

그런 것 묻지 마라
하느님인들 알겠는가.

윤들 일기 · 323
바람 · 2

바람은 벗기기만 하는 줄 알았는데
입혀주기도 하더라

바람은 헤집어 날리기만 하는 줄 알았는데
덮어주기도 하더라

바람은 스쳐 지나만 가는 줄 알았는데
어루만져 주기도 하더라

바람은 휘몰아 훑어만 가는 줄 알았는데
들꽃 하나 피우기도 하더라

따스하게
푸근하게
머무르며
다정스레

푸르른 날
아무리 깨물어도 안 아플
너와 나의 아시사랑처럼.

윤들 일기 · 324
섬 · 5

하얀 안개 드레스에
뭉게구름 면사포 쓰고
시집이라도 가는가

오늘따라 요란한 해조음
하객이래야
잠시 머물다 갈 물새 몇 마리

암만 그래도
푸른 치마를 벗어 던지기 전까지는
내 사랑이다.

윤들 일기 · 325
풍란

풍란꽃이 피었다
스무 여덟 살 박이 풍란꽃이 피었다
88년 올림픽이 열리던 해
대구 서문시장 뒷골목 노전
늙수그레한 아저씨한테서
고향을 그리며 세 촉을 삼천 원에 사서는
셋집 화단에 박혀있던 제일 큰 돌에다
올림머리처럼 얹었던 풍란

두세 번 이사를 하느라
같이 멀미도 했고
십 오년 전 고향으로 돌아올 때
다른 화초는 다 두고
너만은 고이 안고 왔었다
더 어울리고 멋진 고향 돌에다
다시 붙여줄까도 생각했지만
돌도 고마운지라 여태 같이했고
올해로 스무여덟 해나 됐는데

사람이 근 삼십 년을 같이하면
피붙이와 무에가 다를까
비록 풀포기일 뿐이래도 어느 벗에다 비길까
더구나
백학이 날아와 날개 짓 하는 오늘은.

윤들 일기 · 326

너는 누구냐

쉬 잠들이지 못하는 밤
두터운 커튼으로 달빛을 막아놓고
살며시 눈을 감으면
기다린 듯 길을 나서는 또 하나의 나

손끝, 발끝, 머리끝
내 몸뚱아리 모든 끝의 말초신경이 촉수가 되어
짙은 어둠속으로
어둠을 짓누르는 기억 속으로
온갖 것들을 더듬으며
너를 찾아 헤매이는데
얼마나 흘렀을까
끊어질 듯 이어지는 목소리가 들린다
너의 목소리다

알아들을 수는 없지만
맴놀이지는 귀에 익은 음성을 쫓아
한달음에 달려가는데
어디에도 너는 보이지 않는다

너는 없다
도톰하게 살이 올랐다
桃花煞(도화살)을 품고 야위어가는 열이레 달도
나를 어쩌지 못하거늘

도대체
너는 누구냐.

윤들 일기 · 327
사랑에 빠져 있다

당신이
무엇 때문에 낯선 숲길을 혼자 거닐었는지
쏟아지는 소나기에 우산을 두고도
왜 펴지 않았는지에 대한 의문은
그냥 흥얼이고 지나칠 노래가사가 아니다

후줄근히 젖은 몸뚱아리에서
떨어지던 눈물 같은 빗물이 잦아들어
한기가 엄습할 즈음
누군가가 습관처럼 그리워지면
잊어야겠다고
잊어야 평화로울 것 같다고
수없이 되뇌어도
잊혀지지 않아 힘들어하는 작은 가슴
그 부질없음의 언저리에서
잊혀지지 않아 다행이라 여겨질 때
당신은 이미

사랑에 빠져있다
한기를 녹여줄 따뜻한
거부할 수 없는
누군가의 품에 안기어 위로 받고 있다.

윤들 일기 · 328
사랑이라면

꽃은 꽃이기에 이내 시들고
칼은 칼에 의해 망가지듯이
그리움이 또아리 튼 子宮(자궁) 속 외로움은
외로움으로 죽어가고
주검이 되기 전 모진 산고 끝에 낳은 옥동자가
오도 가도 못하고 덩그마니 남은 것이 사랑
사랑이라면

이 유치한 말장난을
이제 막 성충으로 탈피 한 귀뚜리 한 마리가
백일홍 이파리에서 내려다보다
씽긋 웃으며 조롱하듯 힘주어 내갈기는 첫 배설물을
자양으로 싹 틔울 이름 불리지 못하는 잡초
그 잡초가 피워낸 꽃
그 꽃술의 꽃가루
그 꽃가루를 훔쳐 다른 꽃에서 잠깐 쉬어가다
칠칠맞게 흘려서 이뤄져버린 맺음 같은 것이 사랑

사랑이라면
황홀할만치 아름답다거나
죽을만치 심각할 일이 아니다
다만
그 속에
네가 있고
내가 있을 뿐
자유로이 공유하고 싶을 뿐.

윤들 일기 · 329
바보

간밤에 섬을 두고
바다랑 한바탕 했다

섬이
바다 품속에 있다고
제 것이란다

바보

섬 안에
내가 있는 줄도 모르고.

윤들 일기 · 330
그 새로움으로

시 한 편을 어렵게 써 놓고도
아침에 볼 때와
저녁이 다르다

내 그림자는
아침에 누웠던 자리와
저녁이 다르고
산으로 뻗었던 팔이
바다에 걸쳐 있지 않은가

나는 너에게
너는 나에게
달라지는 것들에 대한 방관으로
얻어지는 것이 새로움이라면
그 새로움으로 낯선 길을 가고 싶다
해질녘 노을이 깃든 아늑한 길을
그대와 함께라면 더 좋겠다

하늘에서 방황하는 흰구름인들
어디
같은 모습이 한 번이라도 있었던가.

윤들 일기 · 331
내 사랑

오늘 바다가 심드렁하다
아침인사를 해도 본체만체 하는 것이
심사가 적잖이 꼬인 것 같다
물새 한 마리가 이르기를
밤새도록 어르고 달래도 섬이
움쩍도 안했나 본데
상심이 큰지 해가 중천인데도
물안개를 싸자매고 퍼질러 누워
일어날 줄을 모른다
흔들고 당긴다고 움쩍일 섬이 아니라는 걸
바다는 아직 모르나 보다
간밤에는 가만 있은 내가 또 이겼다
누가 뭐래도
섬은 내 사랑이다.

윤들 일기 · 332
해바라기

어제는
온종일 그대 생각

오늘은
온통 그대 생각

내일은
어련히 그대 생각

그대만 바라보며
그대만 그리다가
아리고
쓰리더라도
오로지 그대 앞에서 스러질래요.

윤들 일기 · 333
하루살이

해거름 연못가에 앉아
눈앞에서 벌어지는
하루살이들의 군무를 본다

하루 안에 사랑하고
하루 안에 삶을 갈무리해서
하루를 송두리째 챙겨가는
하루살이가 부럽다
마지막 축제가 성스러워 보인다

반 백 년을 더 살아왔거늘
내가 가져갈 것은 무엇인가
무작정 달음박질만 한 것 같은데
숨만 가빠온다
어디로
무엇 때문에 뛰었는가

기쁨과 슬픔을
씨줄과 날줄로 짠 융단 위에다
지친 몸뚱아리를 누인들
따라 눕는 건 그림자 하나 뿐
나에게 아름다운 세상은 무엇이고
어디에 있는가
단지 소중한 것은 내일보다 지금
지금이 아름다워야 하는 것 아닌가.

윤들 일기 · 334
엉겅퀴꽃 · 1

오월이 찔레꽃 아쉬움으로
쉬 떠나지 못하고
실없이 미적일 때
묵밭자리에서 장승처럼 호올로 터졌었지

나는 예쁘다 하는데
그대는 아니라고
앵도라진 엉겅퀴 꽃

꽃은 이미 져버렸는데
여직 온몸에 두르고 있는 가시
콕 콕 찌르고 싶은 그대여
나만의 그대여.

윤들 일기 · 335
엉겅퀴꽃 · 2

온몸을 가시로 무장한 것은
기실은 여리고
외로워서라는 걸 안다
그대 짙은 입술처럼

본마음이 아닐 거라는 것도 알지만
진정 외롭지 않으려거든
가시를 거두어야 하느니
옅은 입술에 미소를 지으면 더 좋고.

윤들 일기 · 336
농주 빚기

복더위가 온갖 상념들마저
지치게 하는데
무얼 해볼까 궁리 끝에
어머니가 생전에 즐겨 담그시던 농주
그 맛을 본 사람은 잊지 못하고
아직도 회자되고 있는 농주

총쟁이집 맏며느리 술 빚는 솜씨는 가히
근동에 입소문이 자자했는데
어깨너머로 보아 두었던 걸
내가 해보기로 한다

마침 5일장에서 누룩을 구해
절구에다 알맞게 찧어
햇볕에 내말려 법제를 해두고
멥쌀, 찹쌀, 미강을 섞어 고두밥을 쪄
두어 소금 잘 식힌 다음
빻아둔 누룩과 고루 섞어
짚을 태워 소독한 독에다
엿기름 우린 물로 버무려 넣고는 뚜껑을 닫아 둔다

어설프게 흉내를 냈지만
하루가 지나면서 신통하게도
짜글짜글 소리가 나는가 싶더니
뽀글뽀글 끓다가
짜작짜작 괴는 소리가 나고
사흘이 지나니 가마솥 밥 뜸 드는 소리보다는 작지만
선명스레 찍 찍 찍 소리를 내며
술 익는 냄새가 코를 찌른다

또 하루를 넘기고
차악 갈아 앉은 다음
얼기미랑 가는 채에 거르는데
뽀야니 탁한 막걸리가 거울인 양
어머니
어머니 고운 얼굴이 어른거린다
빙그레 웃는 모습으로

내가 먹을 건 얼마인가
몇 잔이면 족한 것을
좋아할만한 지인들과 나누리라
내가 빚은 술을 마시고 즐거워 할 걸
생각하니 저으기 행복하다

총쟁이집* 막내 손자가

간만에 괜찮은 일 하나 했다.

* 경남 거창에서 증조부, 조부께서 총을 가지고 농한기 때면 압록강 순록사냥, 강원도 곰사냥을 다니셨고, 증조부는 생전에 호랑이를 일곱 마리나 잡으셨다 한다. 조부는 총을 갖고 거제로 이주하셨는데 그래서 붙은 별호가 총쟁이집이 되었다.

윤들 일기 · 337
고슴도치 사랑

나의 가시가 솔잎처럼 촘촘하고
너의 침이 송곳처럼 날카롭더라도
외로워서 죽지 않으려면 끌어안아야 한다

가시를 뉘어
서로 찌르지 않게
알맞은 틈을 유지한 채
넘치지 않을 만큼의 힘으로
사랑에 주려 죽지 않으려면 안아야 한다

너와 나의 얘기는 먼 훗날이 아니고 지금이다
세상에 사랑해선 안 될 사랑은 어디에도 없다.

윤들 일기 · 338
가거라 7월이여

엊그제 보낸 7월이 알짱거리고 있다
능소화 꽃잎 언저리에서
말나리 타버린 꽃술에서

나에게 너는 무엇이고
너에게 나는 무슨 의미인가
너 때문에 데인 가슴은 어쩌랴
가거라 7월이여!

어떤 그릇에 담아도
생긴 대로 퍼질러 앉는 물컹한 생각
그 생각들이 갈 수 있는 곳이란 겨우
내리는 한 줄기 소나기 속 어느 빗방울
그 빗방울이 솔잎에 꿰어 부서지며 내지르는 비명 속에
묻혀버린 안쓰런 그리움이
느릅나무 가지에서 목 놓아 울어재끼는 말매미 한 마리
그 날개로 파닥일 때 너는
무슨 아쉬움으로 어디에 머무르고 있는가

한심한 7월이여!
널부러진 자귀꽃 주검 같은
어줍은 상념들도 더불어 데려갈 텐가

가거라 7월이여!
미끼는 머리에 감추고
바늘은 가슴에 숨긴 한 여인은
내 마음의 호수에 그냥
아침 햇살을 받아 빛나는 윤슬
윤슬로 남겨 두고 제발
가거라 7월이여!

윤들 일기·339
문철네 복

불현듯 어머니 생각에
생전 당신이 하시던 대로
처음 농주를 빚어봤는데
며칠 즐거울 걸 상상하며
걸러서 막걸리로 숙성시키는 중에
난데없이 하나 남은 사랑니가 아린다

힘든 밤을 보내고
더는 견딜 수 없어
날이 밝자마자 뽑아버린 사랑니
펜치를 든 치과의사의 말씀
일주일 정도 술은 멀리 하란다
복도 복도 문철네 복이다

오십년이나 함께 한
하나 남은 사랑의 동반자
사랑니마저 사라졌으니
마시지 못할 막걸리는 문제도 아니다
이제 옳은 사랑하나 할 수 있을련지 모르겠다.

윤들 일기 · 340
술 익는 소리

뽀글뽀글
짜글짜글

끓는데 뜨겁지 않다

짜글짜글
뽀글뽀글

안 뜨거운데 끓는다

뽀글뽀글
짜글짜글

내 속에서 네가 익는 소리다.

윤들 일기 · 341
갑과 을

이 세상에서는
돈이 많거나
권력을 가지면
甲(갑)이 되는데
사랑은 다르다

더 많이 사랑해서
간절한 쪽이 乙(을)이라서
늘 징징거리며 애태우고
더 많이 울어야한다

사랑의 甲은
지체 높은 벼슬인 양
항상 높은 곳에 자리하며
아닌 척
그런 척
휘두르지 않는 척
척만 잘하면 다 되는
칼보다 무서운 존재인데

아궁이에다 장작불을 지피고 지피다 보면
가마솥이 데워지고 끓고
하얗던 가슴에 숯검댕이가 앉을 즈음이면
乙도 甲에 이르지 않겠는가

乙이 있어야 존재하는 甲
나아가고 물러서는 것도 乙의 몫
甲의 숨통은 乙이 틀어지고 있으니
이 땅의 사랑은 얼추 공평하다
하늘나라에서는 어떤지 모르겠지만
乙이라서 더러는 행복하다.

윤들 일기 · 342
수국 향연

안개 속에 너를 찾아
가늠 안 되는 낯선 길을 얼마나 헤매었을까
가물거리는 향기만을 쫓아 온 旅路(여로)

어딘지도 모른 채
지쳐 서성이다 주저앉은 곳
붙잡고 늘어질 거라고는 길게 누운
너의 그림자 뿐
결코 손안에 잡아 둘 수 없기에
그냥 기억해야 할 일이란 몹쓸 서러움이다

어제에 오늘을 덮고
오늘에 내일이 빌붙는데
배롱꽃을 스친 바람 한 자락이 보라빛으로 물들 즈음
너는 웃어 줄 내일에 있지 않았다

아, 수국
수국의 향연이여
수북한 가슴을 옴속옴속 베어 먹는 여인이여
새하얗게 피어날 때 떠났는데
되돌아온 지금에는 청보라로 맞는구나
너는 내일이 아니라 오늘에 있었구나.

윤들 일기 · 343
가을의 문턱에서

입추를 지나면서 푸르던 호박은
누렇게 골이 깊어지고
얌전하던 밤송이가 까칠해진다
간밤 잠 못 이루게 한 열대야는
너를 더 많이 그리워 할 수 있어 좋았지만
한 낮 뜨거운 불볕은
늘 모자라는 나의 열정마저 태워버려
야속하게도
너에게 다가가기 힘들게끔 시새운다

한이레를 더 견뎌서
덤불 밑이 훤해지고
모기도 입이 삐뚤어진다는 말복이 오면
조급한 매미 울음은 처절해지고
온 밤을 차지할 애절한 귀뚜리 소리에
밤새 너의 문을 두드릴
나의 세레나데가 스미고 말까 두렵다

기다리런다
가을이 깊어져
매미도 귀뚜리도 다 떠나고 나면
너에게 어렵사리라도 다가가야겠다.

윤들 일기 · 344
너와 나

이룬다고 다다를 수 없는 우리는
언제나 쌓아도
돌아서 허물고
허물고는 또 쌓고
만나서 헤어지고
그리워하다
만나고
헤어지고
또
헤어지고
만나고

시간을 밟고
으깨지는 비명소리를 들으며
손을 잡고서도 他人(타인)으로
걸어가야 할 뿐이지만
갈 곳이 정해져 있지 않은 너와 나
낯설어도 새로워서 아름다운 산책길이다.

윤들 일기 · 345
8월

풀리지 않는 얼음장 같던 思惟(사유)를 녹여
다시 수습 안 될 만치 축 늘어진
똥개의 혓바닥
헥헥거리는 혓바닥에서 질질 흐르다
증발하는 침 대신
말라가는 혓바닥을
적셔주어야 할지도 모를 어처구니없는 일이 일어날 것 같은 땡 낮
호박잎도 등이 휜 땡 낮에 나는

너를 기다리다 못 해
담벼락에 기대선 참깨단에서 서성이다
멍석에서 타고 있는 빠알간 고추 곁에 눕는다.

윤들 일기 · 346
껍데기에 대한 小考(소고)

밤나무 아래서
떨어지는 푸른 밤송이의 주검을 본다

한 세이레만 지나면
제대로 익어
알맹이만 쏘옥 뽑아가고
껍데기만 버려질 것인데
무슨 연유로 때 이른 투신인가
알맹이는 선이고
껍데기는 악이라는 어처구니없는 이분법에 대해
반기를 든 것은 아닌가

풍찬노숙을 하며 힘들여
알맹이가 영글기를 도와준 껍데기
껍데기가 있었기에 알맹이가 있었음을
우리는 자칫 간과하고 있지 않은가

언제나 조화를 모색해야 하는데
강가에 돌멩이 하나

길섶에 풀 한 포기
잘난 사람이나 못난 사람인들
의미 없이 그냥 있는 것이 있는가
어차피 버려질 운명일지라도
남겨진 알맹이만큼 고마워해야지 않겠는가

나름의 역할을 존중해야 한다
남겨진 것들이 썩어갈 때
버린 것들의 힘으로 꽃을 피워
우리에게 즐거움을 줄지도 모르는 일

어느 날엔가 우리 모두
뻣뻣하고 딱딱한 껍데기로 만나게 될지도 모르는 일

때 이른 푸른 주검 하나
그 속에 알맹이도 채 영글지 못하고
떨어지고 말지 않았는가.

윤들 일기 · 347

매미의 노래

이슬 몇 방울이면 배부르고
집이 없어도 아쉬움이 없는 너는
한이레를 노래만 부르다 떠나는데

아침나절에는
안단테 안단티노
한낮에는
모데라토 알레그레토
땅거미 내릴 때면
비바체 프레스토
어둠이 깊어지면 숨 고르기

초여름엔 중모리
성하에는 자진모리
여름이 익을 대로 익으면 휘모리
가을이 지쳐 서리가 내리기 전에
시린 노래여
차가운 이슬이여 안녕

노래 하나도
때때로 달라지는 까닭을
뉘라서 알까마는
반세기를 더 들어오다 보니
이제는 알 듯도 하다.

윤들 일기 · 348
선풍기

내가 돌아 네가 시원하다면
돌아야 한다
쌕 쌕 숨을 몰아쉬며
후끈 후끈 열이 나도 기꺼이 돌아야 한다

그리워서 돌고
외로워서 돌고
돌아야 한다
네가 있어 내가 산다면
뱅뱅 돌아야 한다
윙윙 돌아야 한다.

윤들 일기 · 349
해바라기 · 2

하나만 바라보며 사는 건
나랑 같은데
넓지도 두텁지도 못한 가슴팍에
점점이 박힌 거뭇한 씨알들은
얼마나 진한 사연의 흔적인가

잠시 머물다 간
고추잠자리인들 어이 알까마는

부러운지고
자꾸만 더
패여만 가는
내 가슴 같을까.

윤들 일기 · 350
희망 고문

염병!
어쩌다 내가 걸린 거야
하필이면 왜 나야

어디로 가는 거야
어디까지 가야 하나
아스라한 산꼭대기도 아니고
가물가물 수평선도 아닌 것이
너만을 바라보며 쉼 없이 달리다보니
너무 많이 와버렸나 보다

염병!
돌아 갈 길을 잃은 거야
여왕벌 같은 너의 향기를 쫓아
천 길 벼랑 끝
만 길 너의 가슴팍 한복판으로
꺼이꺼이 울면서라도 갈 수밖에 없는데

돌아가지도 다가가지도 못하게
주문을 걸고 있는 너 같으니
너 같으니

네 탓이 아니라는 건 알아
그렇다고 내 탓만도 아니야
염병!

윤들 일기 · 351
철조망 앞에서

철조망 앞에 장승처럼 서서
그대를 생각한다

다가 설 수는 있어도
넘어가지는 못한다고
쉽사리 절망할 이유가 없다는 것을

새처럼 날렵하지 않아도
바람처럼 자유롭지 못해도
너 하나쯤은
귓볼을 입술 하나로만 다독여
그대의 오감을 열어젖히고
단단한 심장을 벌떡이게 했듯이
입김만으로도 가벼이 녹여서
깊숙이 스밀 수 있다는 것을

제 맘대로 세운 벽은
완전한 벽이 될 수 없고
필시 불신의 벽이 되고 만다는 것을

벽을 허물 믿음은
어디서 나오는 것이 아니라
스스로 만들어 쌓아가는 것이라는 것을
너 앞에서 불현듯 깨우친다

이제 또 다시
힘없이 돌아서야만 하는 나
늘 그대 앞에서 머뭇대다 울고마는 나와 뭐가 다를까

철조망!
장벽이 나를 감싸 줄 울타리가 되는 날까지
너는 결국 슬픈 희망이 되고 마는구나.

윤들 일기 · 352
네 몫과 내 몫

농부가 땅에다 씨앗을 심을 때
세 알을 넣는데
한 알은 날짐승 거
또 한 알은 땅짐승 거
나머지 한 알은 자신의 몫으로

오월에 심은 참깨 이파리가
입추를 지나고 말복이 되자
누릇누릇해지는데
산비둘기들이 분주하다
눈에 잘 띄지는 않지만
땅속에 쥐들도 나름 바쁠 게다
각기 자신의 몫들을 챙긴다고

어찌 아깝지 않으랴만
그들의 땅이기도 하기에
적당한 대가를 냈다고 여긴 농부가
마지막 수확을 하려는데

산비둘기 한 쌍이 멀지도 않은
오동나무 우듬지에 앉아
낫질하는 농부를 내려다보며 구구댄다

아직 제 몫을 덜 챙겼는지 아쉬운가 보다
들리지는 않지만
땅속에 쥐들도 투덜거리고 있을 게 분명하다
할 수 없이 까치밥 남기듯
늦살이 몇 대는 그냥 두고 돌아선다.

윤들 일기 · 353
바람 · 3

7월의 바람은
후끈하게 사랑하고도
옥수수 꼬시라진 수염을 두고
홀로 내빼지만

8월의 바람은
뜨겁다 못해
다 태우고 재만 남았어도
손을 내민다

나랑 같이 가잔다.

윤들 일기 · 354
네 꽃

핸드폰으로 날아온
꽃 한 송이

이 꽃이 무슨 꽃이에요?

이름 모르는 꽃
앙증맞게 예쁜 꽃

네가 모르는 꽃
나한테 물으면

널 닮았다 할 걸
너처럼 예쁘다 할 걸

차라리
네 꽃이라 할 걸.

윤들 일기 · 355
예그리나

사랑이라면
아무리 씻어도 잘 지워지지 않는
얼룩에 대한 기억은 덮어야 하고
구겨졌다 여기는 생각을 펴고
뭉개진 주름을 세우기 위한
다림질도 멈춰야 한다

우리를 안고 있는 품
온 누리의 그림 속에서 너와 나는
따로 또 같이 서 있는 예그리나

너는 왜
그림 속에서 빠지려 하는가
어디로 달아나려 하는가
온새미로 살며시 멈추어 서라
더 높이 서려는 돋움발이
입술보다 예쁘다 여겨질 때

혼자보다 외진 벤치에
나란히 앉노라면
교교한 달빛은 우리만을 위한 조명
너와 나의 새로운 그림을
진솔히 남겨 줄 화가가 빤히 보고 있다

열이레 달 말이다.

윤들 일기 · 356
사랑 죽이기

자주 지나는 산책길
길고양인지 집고양인지 모를 주검에
파리가 알을 낳아
구더기가 박신박신
곧 뼈만 남겠지
파리는 뼈라도 남기겠지만
사랑이란 놈은
나를 야금야금 파먹고
허물허물 용해시켜
흔적도 없이 사라지게 할 거야

단발마 한 번 내지르지 못하고
죽어가야 할 나를
그냥 내버려 둘 수는 없는 일
달아나려 해도 오금이 저려
옴짝달싹 못할 지경
독하고 무서운 놈
사랑이란 놈을 죽여야겠다

너를 죽이면
나도 죽어야겠지
웃으며 돌아서면 남이 될 수 있다 해도
또 다른 사랑이 더 두렵다
사랑이란 놈을 죽여야겠다
너를 죽이고
나도 죽어야겠다

네 심장 깊디깊은 곳으로 파고들어
몸서리치다
숨을 쉬지 말아야겠다.

윤들 일기 · 357
개망초

寂寥(적요)의 아침
느릅나무 아래서
가만히 생각해보니
다음 세상
네가 없는 세상이라면
바싹 마른 묵정논에
도드라지지 않아
아무도 살갑게 봐줄 리 없는
개망초로 피어나면 좋겠다

나를 흔들어 줄 佳人(가인)도 없을 테니
바람에게나 맡겨 볼까.

윤들 일기 · 358
유감

햇볕이 안 드는 곳에는
달빛을
달빛이 미처 못 스미는 곳에는
햇볕을

고루고루 어루만져 주면 좋으련만
태양은 오만하고
달은 게으른데

별들마저 제 사랑하기에 바쁘네.

윤들 일기 · 359
이런 날에는 · 2

나의 어설픈 음풍농월이 오늘따라 부끄러워진다
달은 멀리 있고
바람은 늘 같이 하지만
벽창호에게 무슨 말을 하고 있는 걸까

마치 다 알아들은 양
쫑알거리며 까불어대는 내가
얼마나 우습고 답답하고 안쓰러울까

바람이여
달이여
이런 날에는
내 곁에 좀 머물러 줬으면 좋겠다
바람이 걷고
내가 뛴다 한들
바람보다 빠르게도
멀리도 못가고
아무리 올려다본들 내 힘으로는
다다를 수 없다는 걸 알아차린

이런 날에는
모두가 떠나버린 듯
허전하고 고적한
이런 날에는
떠오르지도 않은 스무 하루 달을 하릴없이 기다리는
이런 날에는
누군가 손이라도 내밀어줬으면 좋겠다.

윤들 일기 · 360
내가 조물주라면

내가 조물주라면
그리움이나
기다림이나
외로움이나
사랑의 이별 같은 건
아예 없애 버리겠다

너와 나는 물론
수컷과 암컷
남자나 여자를 따로 만드는
감당치 못할 실수는
절대로 하지 않을테니까.

윤들 일기 · 361
열풍

처서를 지나고
8월도 끝자락인데
해원을 훑고 온 바람이
반기는 윤슬을 마다하고
헤벌레 한다

바다만 그런 줄 알았는데
바람도 바람쟁이
뜨거운 입김을 내 뿜으며
섬을 넘보나 본데
어림없는 일
바다하고나 잘해 볼 일이지

간밤에 섬은 나랑 밤을 새웠는데
알 리가 없지
구름 속에서 삐죽이 내민 새벽달이
다 본 사실이다
안 믿기면 한 달 뒤
스무나흘 달이 뜨거든 물어 보던지.

윤들 일기 · 362
시계꽃

오늘은 너랑
만나서 헤어졌다

언제나 만나기전
이별하고 만났는데
오늘은
만나서 이별하는 연습을 했다

헤어져서 만나고
만나서 헤어진다 한들
무엇이 다를까만

이별은 쓰리고 아린 것
힘들고 두려울진대
이별 없는 세상은
만남 없는 세상
그 밖에나 있는 걸까

함박구미* 어느 밥집 울타리에 기어올라
느즈막이 피어있는 시계꽃 한 송이에
이름 모를 검은 나비 한 마리
시침위에 앉아 분침을 움켜쥔 채
너와 나의 시간을 붙잡고 있다
날개를 접고서.

* 함박구미: 거제시에 있는 고유지명.

윤들 일기 · 363
8월이여 가라

너의 뜨거운 입김이
속삭이던 말들이
무엇을 영글게 하고
무엇으로 남았는지에 대해
알려고 하지 마라

귀를 막고
눈을 감아라

7월이 아쉬움으로 밍기적이다
너에게 밀렸듯이
9월에게 맡기면 될 일
언제나 뿌린 자가
거두라는 법은 없지 않은가

늦여름 숨 가쁜 매미소리가
새바람에 휘 휘 휘날려 흩어지거든
누군가 부르더라도
돌아보지 말고 뿌리치고 가라

오늘은 네가 보고 싶다 못해
미워지는 날
하늘이 대신 참았던 울음을 터뜨리는데
쏟아지는 눈물에 젖기 전에
미련 없이 가라

8월이여 가라.

윤들 일기 · 364
내님

간단없는 폭양에 푸르던 잔디밭이
바싹바싹 타 드는데
명줄이나 이어주려
몇 차례 물세례에도 데면데면 하더니

간밤에 널비
먼지 안날만큼 뿌렸건만
타던 불도 꺼지고 오롯이 살아났네
잔디도 따로 있었네
기다리던 내 님은.

윤들 일기 · 365

에필로그 – 한 막을 내리며

지난 해 9월에 시작해서
올 해 8월을 보내는 사이
앞을 보니 뒤가
뒤를 보니 앞이 구린
시간들의 맴돌이
잘 삭아 발효되길 원했지만
더러는 여기저기서 역한 냄새도 난다.
하지만 어쩌겠나
이것이 나일뿐인데
내 안에 너
나와의 약속을 지킨 것에 만족해야겠다.

그리움의 끝이 어딘지
야위어 가는 하현달을 닮았다면
그 속에 똬리 틀고 앉은 너를 보고 싶었는데
그 민낯을 보고 싶었는데
달이 있는 하늘은커녕
땅에서 조차
한 자욱도 떼지 못해 아쉬움이지만
희망고문을 끝낼 수 있어 다행이다.

365발의 화살을 묵묵히 맞아 준
하늘과 땅
섬과 바다
달과 바람
풀꽃과 새들
그리고
한 여인의 가슴이 얼마나
어떻게 뚫리고 헤졌는지
알 길이 없음 또한 안타까움이지만
조금이라도 기억된다면 족해야겠다.

한 발도 결코 허투루 쏘지 않았고
더러는 빗나갔을지라도
과녁이 되어 준 모두에게 감사하는 마음이다
겨눌 곳이 있다는 것은 큰 행복이 아니겠는가

詩(시)를 써야하는 고통이 삶의 고통보다
감미로울 때가 더러 있으니
천상 詩를 써야했다.

이쯤에서
내 삶의 끝나지 않은 한 막을 잠시 내릴 뿐
새로운 여행을 위해 다시
야무지게 짐을 꾸려야겠다.
내 생이 끝나는 날까지
나의 일기 또한 끝나지 않을 것이다
365발의 화살은 이미 시위를 떠났지만
언제든 다시 쏠 수 있는 사랑이란 화살촉이 아직
남아있다.
나에게 있어
사랑 없는 詩
詩 없는 사랑은 애초에 없다

다음 여행길에는
사람과 하늘과 땅 사이 모든 영혼들에게
진실로 감사하며 사는 법을 배우고 싶다.

저자와의 협의에 의해 인지를 생략합니다

섬이 詩라 하네

2016년 10월 05일 초판 인쇄
2016년 10월 17일 초판 발행

지은이 / 김운향
펴낸이 / 연규석
펴낸곳 / 도서출판 고글

서울특별시 용산구 한강로 2가 144-2
등록 / 1990년 11월 7일(제302-000049호)
전화 / (02)794-4490   (031)873-7077

값 30,000원

※ 이 책은 문예진흥기금을 받아서 만들었습니다.

※ 잘못된 책은 판매처에서 교환해 드립니다.